# 공화주의와 경쟁하는 적들

공화주의와 경쟁하는 적들

**초판 1쇄 발행** 2019년 8월 1일

**지은이** 채진원

**펴낸이** 김선기
**펴낸곳** (주)푸른길
**출판등록** 1996년 4월 12일 제16-1292호
**주소** (08377) 서울특별시 구로구 디지털로 33길 48 대륭포스트타워 7차 1008호
**전화** 02-523-2907, 6942-9570~2
**팩스** 02-523-2951
**이메일** purungilbook@naver.com
**홈페이지** www.purungil.co.kr

**ISBN** 978-89-6291-810-6 03340

* 이 도서의 국립중앙도서관 출판예정도서목록(CIP)은 서지정보유통지원시스템 홈페이지(http://seoji.nl.go.kr)와 국가자료공동목록시스템(http://www.nl.go.kr/kolisnet)에서 이용하실 수 있습니다.(CIP제어번호: CIP2019027045)

# 공화주의와 경쟁하는 적들

## Enemies Competing with Republicanism

차 례

# 들어가기 전에

대한민국 시민들이 얼마나 위대하고, 대한민국이 얼마나 위대한 민주공화국인지는 지난 2017년 촛불시민혁명을 통해 충분히 입증되었다. 하지만 2018년부터 남북미관계가 급변하고 있고 중국과 미국의 패권경쟁도 심화되고 있다. 이에 한반도에서 남북 모두가 촛불시민혁명에 부합하는 더 좋은 민주공화국을 건설하기 위해서는, 종전의 적대관계라는 고정관념에서 벗어나 우리가 상대해야 할(이를 방해하는) 경쟁자들에 대해 꼼꼼히 살피고 대응할 필요가 있다.

2019년 2월 27~28일 베트남 하노이에서 열린 2차 북미정상회담이 협상 결렬로 끝나긴 했지만, 향후 북미 간의 실무협상과 정상회담에서 '종전선언' 문제가 중요하게 다뤄질 가능성이 크다. 트럼프 행정부의 초대 외교수장이었던 렉스 틸러슨 전 국무장관은 2017년 8월 기자들과 만난 자리에서 이른바 '대북 4노(NO)' 입장을 밝힌 바 있다. 대북 4노(NO)란 북한의 정권 교체, 정권 붕괴, 흡수통일, 그리고 미국의 북한 침공이 없다는 것을 말한다.

김정은 국무위원장도 2019년 신년사에서 "정전협정 당사자들과의 긴밀한 연계 밑에 한반도의 현 정전체제를 평화체제로 전환하기 위한 다자협상도 적극 추진해 항구적인 평화 보장 토대를 실질적으로 마련해야 한다."라고 밝힌 바 있다.

문재인 정부도 『2018 국방백서』에서 "북한 정권과 북한군은 우리의 적"이라는 문구를 뺐다. 그 대신 변화된 남북관계 및 한반도 정세를 반영해서 "대한민국의 주권, 국토, 국민, 재산을 위협하고 침해하는 세력을 우리의 적으로 간주한다."라고 새롭게 밝혔다.

결과적으로 남북관계가 적대자에서 경쟁자로 바뀌는, 이러한 환경과 패러다임의 변화는 인류가 발견한 최고의 정체(regime, 政體)가 군주정, 귀족정, 민주정, 참주정, 과두정, 중우정이 아니라 왜 민주공화정(republic)인지를 차별성 있게 보여 줄 것을 요구한다.

이 책의 목표는 '우리의 적'의 범위가 좀 더 포괄적으로 규정되는 변화된 상황에서 대한민국이 채택하고 있는 민주공화정이 인류 최고의 정체로서 다른 정체와 어떻게 다른지를 보여 주는 것이다. 특히 경쟁하고 있는 여러 노선과의 비교를 통해 그 차이를 체계적으로 보여 주고자 한다.

비록 민주공화정이 다른 정체와 어떻게 다른지를 밝히기 위해 아주 충분하게 논하지는 못했지만, 우리의 적과 관련한 논의에서 반드시 검토해야만 하는 중요한 이슈들 — 북한 김정은의 노선, 통진당과 이석기 노선, 이재명 노선, 남남갈등을 부추기는 적대적 진영논리 등 — 을 민주공화정 노선과의 경쟁관계에서 다루었다.

이러한 '우리의 적'과 관련한 이슈 검토와 교훈을 통해서, 민주공화정이 다른 정체와 공개적으로 경쟁하기 위해서 국민의 목소리가 반영된 입장과 태도를 미리 준비하고 대비해야 한다. 즉 중국, 미국, 일본, 러시아 등 강대국의 패권 충돌 장소가 되고 있는 한반도에서 대한민국이 민주공화국의 정체를 지키면서 생존하고 번영해 가는 방법론인 공화주의 노선에 대해 고민해야 하는 것이다.

특히 경제적 양극화, 정치적 양극화, 좌우파적 복지포퓰리즘, 정치의 사법화, 정당정치와 법치주의의 충돌, 북한 참주정과의 충돌 등 내부적으로 대립과 분열이 극으로 치닫는 상황에서 이러한 위기로부터 벗어나기 위해서는 공화주의에 기반한 정당정치와 정책노선의 정립이 필요함을 제안하였다.

공화주의는 일반적으로 시민적 덕성을 통해 국가의 공공성을 추구하는 노선을 말한다. 그것의 핵심은 자유, 법치, 평등이다. 여기서 공공성은 '개인(私)'의 자유와 권리를 살려서 공(公)을 여는 활사개공(活私開公)의 공공성을 말한다. 공화주의는 철저히 '개인'에만 방점을 둔 각자도생(各自圖生)도, 정반대로 '전체'만 중시하고 개인이 없는 멸사봉공(滅私奉公)도 아니다. 공화주의는 극단의 좌우 진영논리를 넘어 중산층과 중도층을 강화하는 통합의 논리라고 할 수 있다.

공화주의에 기반한 정책 노선의 필요성에 대한 예시와 시사점을 들어 보면 다음과 같다. 예를 들어, 남북관계가 진전될수록 진영 간의 남남갈등이 더 커지는 역설의 문제가 있다. 이러한 역설을 어떻게 봐야 할까? 남남갈등의 실체는 국민 수준과 무관하게 종북파와 종미파가 주도하는 정파적·이념적 편향성을 동원하는 정치엘리트 수준의 정치적 양극화에 따른 갈등이라고 보는 것이 적절하다.

남남갈등의 원인이 정치엘리트 차원의 '집단 극단화'에 따른 이념적 편향성의 동원이라는 '정치적 양극화' 때문이라면, 그 해법은 당연히 집단 극단화와 정치적 양극화에 따른 극단 정치를 경계하는 것에서 실마리를 찾아야 한다. 즉 평균적인 국민 정서와 이념 성향에 초점을 맞추면서 극단을 견제하고 균형을 추구하면서 중간지대가 활성화되는 '중도수렴의 공화정치'를 모색해야 한다.

민주주의와 민주공화국의 규범이 무너지고 있다는 징표 중 하나는 중간지대가 사라지고 보수와 진보로 극단화되면서 서로 간에 적개심과 증오심이 커지는, 이른바 정치적 양극화 현상이다. 적개심과 증오심이 커지면 정치적 경쟁자가 타도해야 할 적대자가 되기에 상호 존중과 자제라는 민주주의 규범이 파괴되고 만다.

이러한 민주주의 규범의 파괴는 대화와 타협 및 숙의의 정치를 말살하고 결국은 국회 입법의 생산성과 효율성을 떨어뜨려 국민의 정치 불신을 심화한다. 정치 불신이 극에 달한 조건에서는 포퓰리즘으로 무장한 대중적인 선동가들이 등장하여 헌법적 가치와 민주주의 규범을 위협하게 된다.

2019년은 민주공화국이 건립된 지 100년이 되는 해이고, 민주공화국이 재건된 지 71년이 되는 해이다. 100년이 지난 지금, 우리는 '민주공화국'이라는 뜻에 부합하는 나라를 건설했는지 자문해 보고, 더 좋은 국가를 만들기 위해 절치부심해야 한다.

1948년 7월 17일에 제정된 대한민국 제헌헌법의 전문은 "우리들 대한국민은 기미 삼일운동으로 대한민국을 건립하여 세계에 선포한 위대한 독립정신을 계승하여 이제 민주독립국가를 재건함에 있어서"라고 밝힘으로써, 1919년에 대한민국을 "건립"하였고, 1948년에 대한민국을 "재건"하였음을 명확히 하고 있다. 이러한 사실은 1948년 9월 1일 발행된 대한민국 관보 1호에 실린 헌법 전문에도 나타나 있다. 당시 관보에는 1948년을 대한민국 30년으로 표시하였는데, 이것은 1919년을 대한민국 1년으로 계산한 결과이다.

그렇다면 1세기가 지난 오늘날, 민주공화국의 가치들이 제대로 구현되고 있을까? 부끄럽지만 그렇지 못한 게 현실이다.

경제적 양극화의 폐해는 빈부 격차만이 아니라 일상생활과 정서에까지 스며들어 '갑질', '금수저와 흙수저', '헬조선'이란 단어가 횡행하고 있다. 또한 '안티페미', '일베', '메갈리아', '워마드' 등 왜곡된 성(性) 대결 문화가 확산되고 있어 "남녀, 귀천 및 빈부의 계급이 없고 일체 평등한 대한민국(1919년 4월 11일 임정 임시헌장 3조)"이라는 비전의 거울에 비춰 보기도 민망하다.

특히, 정치 영역에서는 정당 지도자들이 낡은 패러다임에 기초해 분열적, 당파적 행태를 반복하고 있다. 이는 생산적인 갈등의 제도화와 건설적인 국민 통합을 추구하는 민주공화국의 정신인 공화주의와 거리가 멀다. 그 당파적 분열 행태의 핵심에는 정치적 양극화를 만드는 시대착오적인 진영논리가 있다.

1987년을 기준으로 했을 때 민주화된 지 30년이 넘어가는데, 세상을 보는 정치권의 관점은 민주화 이전에 유행했던 이른바 '반독재민주주의론(다수파 지배론)'이라는 이데올로기와 그 연장선인 '민주 대 반민주' 혹은 '진보 대 보수'라는 진영논리에 그대로 갇혀 있다.

정치권 주변의 좌우 진영논리는 천태만상으로 퇴행적이기까지 하다. 민주화 이후 30년이 지난 작금의 시기를 여전히 일제강점기로 보고 독립운동가처럼 언행을 하는 이가 있다. 그런가 하면 지금의 시기를 6·25 전쟁 시기로 보고 반공주의운동가처럼 언행을 하는 이가 있다. 또 지금의 시기를 독재 시기로 보고 반독재운동가처럼 언행을 하는 이도 있다. 분명 1945년에 해방이 됐는데, 지금부터 독립운동을 하자는 사람도 있고, 분명 1987년에 독재가 끝났는데 지금부터 반독재운동을 하자는 사람도 있다.

이런 적과 동지의 이분법 혹은 선과 악의 이분법이라는 시대착오적 패러다임은 어떤 심리에서 기인해 작동하고 있는 것일까? 결론적으로 말하면, 『이솝 우화』에 나오는 맛있는 포도를 신포도라고 폄훼하는 여우의 가치 역전된 심리에서 기인한다고 할 수 있다.

여우는 눈앞에 있는 맛있는 포도가 먹고 싶다. 그러나 높이 달려 있어서 먹을 수가 없다. 이때 여우는 "에이, 저 포도는 시고 맛없을 거야."라며 고개를 돌리고, 자신의 무능을 숨기면서 불편한 심리를 방어하게 된다. 즉 여우는 능력이 없어 포도를 못 따먹는 자신의 실력 부족과 포기할 수밖에 없는 한계를 객관적으로 인정하면서 다음 기회에 따먹을 수 있는 방법을 찾아 도전하기보다는 자신의 패배 및 포기 심리를 방어하기 위해 맛있는 포도를 비난하면서 '시고 맛없다'고 폄훼하는 가치전도(가치역전)의 논리를 사용한다. 더 나아가 맛있는 포도를 '신포도'라는 '악'과 '부정의'로, 그리고 자신의 무능력과 포기하는 자신의 선택을 '선'과 '정의'로까지 역전시키면서 '자존감'이 아닌 '자존심'을 앞세운다.

이렇게 가치가 전도된 자존심은, 조선 사대부들이 병자호란에서 패배한 이후 '소중화론'과 '북벌론'을 내세운 것이나 조선 말기 서양의 문물이 들어오자 이에 대응하기 위해 내세운 '위정척사론'과 '동도서기론'에서 잘 드러난다. 소중화론을 내세웠던 조선의 사대부들처럼, 조선 말기 제국의 주변부와 변방 신세에 있는 우화의 '여우' 같은 지식인들은 중국에 사대(事大)하면서 자발적 복종을 내면화하는 주자학적 교리를 내세워 자신의 무능과 노예의식을 고상한 소중화문명론과 위정척사론 등으로 포장하였던 것이다.

이제는 민주화가 어느 정도 달성된 만큼 세계화, 정보화, 후기산업화, 탈냉전화, 탈물질화 등 탈경계의 시대상황에 부합하는 21세기의 공화 단계로 나아가야 한다. 일제강점기, 독재시대, 반공시대나 가능했던 친일 대 반일, 민주 대 반민주, 진보 대 보수라는 이분법적인 패러다임의 언행에서 벗어나야 한다. 21세기의 공화 단계에서는 경계를 갖는 적(enemy)과 동지(friend)라는 시대착오적 이분법의 패러다임보다, 경쟁자이면서 동시에 협력자라는 중첩된 정체성(존재론적 이중성)을 갖는 경쟁자(rival/adversary)의 모순적 존재로 서로를 보고 대하는 언행이 필요하다. 협력과 경쟁의 이중성을 지닌 경쟁자의 관계를 적과 동지의 극단적인 관계로 분열시킨 요인을 찾아보고, 적과 동지의 적대적 관계를 원래대로 경쟁자들의 경쟁과 협력의 관계로 되돌려 놓아야 한다. 이것이 공화주의의 중요한 과제일 것이다.

일찍이 한완상 전 부총리는 『한반도는 아프다. 적대적 공생의 비극』이라는 저서에서 이런 진영논리의 한계를 비판했다. 그는 "남북관계의 악화야말로 각 체제 안의 인권과 민주주의를 훼손하고 지속가능한 성장에 발목을 잡는 근본 원인"이라고 지적하고, "남과 북의 집권세력이 일관되게 서로 적대하면서도 역설·결과적으로 분단 상황을 이용해 '공생'하고 있는 묘한 현실을 지적하면서 남한의 극우와 북한의 극좌 양극단을 비판"했다.

적어도 절차적으로 민주화가 정착되고 정치적인 차원에서 촛불시민혁명을 통해 박근혜 대통령의 국정농단을 단죄할 만큼 시민사회가 성숙했다. 이런 점에서, 이제 우리 헌법이 명시하고 있는 민주공화국의 정신대로, '반독재민주주의론(다수파지배론)'을 넘어서 다수파가 소수파를 지배하지 않거나 반대로 소수파가 다수파를 지배하지 않는 '비지배적 자유의 통합국가'를 지향하는 '민주공화국론(비지배적 자유국가)'을 정립하는 게 시급한 과제이다.

하지만 유감스럽게도 정치권은 반독재민주주의론이라는 허상의 이데올로기와 진영논리를 포기하지 않고 구태를 반복하고 있는 실정이다. 지체된 반독재민주주의론과 진영논리의 만연 속에서 민생정치는 실종되고 정치에 대한 국민 불신은 극에 달했다. 이런 가운데 구태정치에 대한 안티테제로서 포퓰리즘과 선동정치가 등장하게 되는 것은 너무나 자연스러운 일이다.

정치권이 반독재민주주의론이라는 이데올로기나 그 연장선에 있는 민주 대 반민주, 진보 대 보수라는 가상의 허깨비를 놓고 돈키호테처럼 싸우는 이유는 뭘까? 거기에는 여러 이유가 있을 것이다. 우선 1인 독재에 대한 트라우마가 깊기 때문일 수도 있다. 또한 독재와 싸우다 보니 독재를 닮아 새로움을 포기하고 구태를 반복하는 것이 새로운 도전자를 막아내면서도 지대를 추구할 수 있어 합리적인 이익이라고 판단하는 기득권자의 속성 때문일 수도 있다. 아니면 변화된 상황을 담는 새로운 패러다임을 외면하는 지적인 무능일 수도 있다. 어쨌든, 이제 민주공화국의 절차적인 성숙 단계에서 볼 때 민주화가 어느 정도 달성된 만큼, 다음 단계인 공화 단계로의 이행문제를 진지하게 고민하는 것이 수순이다.

그렇다면, 왜 공화 단계로 이행을 준비해야 하는가? 이에 대한 답은 거꾸로 왜 대한민국이 처음부터 공화 단계가 아니라 이제부터 공화 단계인지 질문을 해 보면 어느 정도 답을 찾을 수 있을 것이다. 앞서 민주공화국은 제헌헌법 전문에서 1919년에 건립되었고, 1948년에 재건되었다고 밝혔다. 그런데 가장 이상적인 정치체제이자 헌정체제인 민주공화국에서 어떻게 최근의 박근혜-최순실 국정농단 같은 불상사가 일어날 수 있었다는 말인가? 그리고 이보다 앞서 어떻게 두 번의 쿠데타(1961년 5·16, 1980년 12·12)와 수많은 민중항쟁, 민주화운동이 일어날 수 있었다는 말인가?

본격적으로 이 책은 민주공화국인 대한민국에서 일어난 두 번의 쿠데타와 수많은 민중항쟁과 민주화운동 등이 의미하는 바가 무엇일까를 질문하였다. 이에 대한 답은 대한민국이 형식적인 차원에서 민주공화국이라는 법제도를 도입했음에도 불구하고 실질적인 국민의 생활습속 차원에서 진정한 민주공화국, 성숙한 민주공화국에 도달하지 못했다는 것 그리고 도달하기에는 부족했다는 것이다. 따라서 이제부터 성숙한 민주공화국을 향해 전진해 나가야 할 단계라는 것이다.

1919년 4월 11일 제정된 상해 임시정부의 헌법인 대한민국 임시헌장은 제1조에서 "대한민국은 민주공화제로 함"이라고 명기하고 있다. 임시정부 지도자들은 무능한 황제가 통치하다 국권을 잃은 '대한제국'을 다시 살리는 것이 아니라 국민이 주권을 갖는 민주공화국 '대한민국'을 새로 세우겠다는 지향점을 분명히 했다. 이것은 정부 명칭을 '대한제국 망명정부'가 아니라 '대한민국 임시정부'로 한 까닭이기도 하다.

1948년 제헌국회의 헌법기초위원회는 헌법 제1조에 "대한민국은 민주공화국이다."라는 문장을 넣었다. 그들은 왜 헌법 제1조에 '민주공화국'이라는 단어를 넣었을까? 역사 속에서 보면 공화국에는 귀족공화국, 민주공화국, 인민공화국이 있었다. 헌법 기초에 참여한 이들의 증언이나 다른 기록들을 참고하면, 그들은 대한민국이 귀족공화국이나 인민공화국이 아니라 민주공화국이라는 것을 천명하려 했던 것으로 보인다.

공화국 앞에 붙은 '민주'는 '귀족'이나 '인민'과 다른데, 그 차이가 의미하는 바는 무엇일까? 당시 헌법기초위원회는 우리의 민주공화국이 스탈린의 소련, 히틀러의 독일, 모택동의 중국, 김씨 일가의 북한 등과는 질적으로 다르고, 달라야 한다는 굳건한 인식과 믿음을 가지고 있었다고 볼 수 있다.

대한민국이 민주공화국임을 천명한 지 100년이 되는 2019년 현 시점에서 국가공동체의 구성원들이 더불어 잘사는 사회의 최고 운영 원리로서 민주공화국의 정신인 공화주의를 부단히 추구해야 할 목표로 삼는 것은 자연스러운 일이다. 그러나 구성원들 모두가 민주공화국의 정신인 공화주의를 일상생활의 공간인 가정, 직장, 사회, 공직 등에서 지키고 구현해 나간다는 것은 결코 쉬운 일이 아니다.

특히, 2018년 급진전된 남북미관계의 변화 속에서 나온 복잡함의 증대는 민주공화국의 정신을 지키고 구현하는 일을 더욱 힘들게 하고 있다. 2018년 문재인 대통령과 김정은 위원장의 4·27 남북정상회담 그리고 트럼프 대통령과 김정은 위원장의 6·12 북미정상회담 이후 전개된 남북미관계의 변화들은 한국을 둘러싼 적국의 개념을 경쟁자이자 협력자로 바꾸어 놓기에 충분했다.

적국에서 경쟁자와 협력자로 바뀐 남북관계의 진전된 상황은 그동안 남북갈등과 남남갈등으로 비교적 단순하게 적과 동지의 이분법적 구도로 대립했던 정치적 갈등 구도를 더 다양하고 복잡하게 만들 수 있음을 의미한다. 변화된 시대 상황에 맞게 새로운 패러다임이 필요하다는 것은 더 이상 부인할 수 없는 사실이 되었다.

이 책에 실려 있는 글들은 저자가 학자이자 연구자로서 고민했던 연구의 결과물들이다. 연구의 내용은 주로 '우리의 적'과 관련된 대상들이다. 민주공화국의 성숙을 방해하는 위협 요소들로서, 공화주의가 경계하고 경쟁해야 하는 대상들이다. 일반 독자들과 공유하기 위해 등재지에 올랐던 원고들을 조금 쉽게 풀어 썼다.

제1장 북한 김씨 일가 참주정 노선과의 차이의 출처는 「북한 참주정의 변혁·보존·개선에 관한 '엄밀한 인식'과 한국정체의 대응」(동향과 전망, 2014)이다. 제2장 '통진당과 이석기 노선과의 차이'의 출처는 「정당민주주의 수호를 위한 공화주의적 방어: 독일과 한국의 위헌정당해산 비교논의」(한국정치학회보, 2015)이다. 제3장 '좌파 포퓰리스트 이재명의 우중정과의 차이'의 출처는 「포퓰리즘의 이해와 이재명 현상에 대한 시론적 논의」(사회과학논집, 2019)이다. 제4장 '남남갈등에서 좌우극단주의 노선과의 차이'의 출처는 「남남갈등에서의 정치적 양극화와 중도정치」(통일인문학, 2017)이다.

이 책이 나오기까지 많은 분들의 지도와 편달 및 도움이 있었다. 필자의 은사님으로서 항상 좋은 가르침과 함께 공부하는 방법을 가르쳐 주신 임성호 경희대 정치외교학과 교수님, 이동수 경희대 공공대학원 교수님, 김홍우 서울대 정치학과 명예교수님께 감사드린다. 공화주의를 함께 공부해 온 21세기 공화주의클럽, 한국정치평론학회 등 여러 동료들 그리고 함께 생활하면서 물심양면으로 여러 도움을 주고 있는 동지이자 아내인 김미경 씨에게도 감사드린다. 또한 부족한 글에 관심을 가져주시고 출판을 허락해 주신 푸른길 출판사 김선기 사장님과 아울러 좋은 편집을 위해 애쓰는 이선주 팀장님께 진심으로 감사드린다.

2019년 7월<br>경희대 교정에서<br>채진원

머리말

# 더 좋은 민주공화국을 향한 투쟁

2018년 문재인 대통령과 김정은 위원장의 4·27 남북정상회담 그리고 트럼프 대통령과 김정은 위원장의 6·12 북미정상회담 이후 전개된 남북미관계의 크고 작은 변화들은 '적을 잃어버린 군대'의 혼란처럼, 우리의 고정관념과 편견들을 흔들어 놓았다.

특히, 문재인 정부 들어 처음 발간된 『2018 국방백서』에서는 변화된 남북관계 및 한반도 정세가 반영되어 2016년 백서와 달리 "북한 정권과 북한군은 우리의 적"이라는 문구가 사라졌다. 대신 "대한민국의 주권, 국토, 국민, 재산을 위협하고 침해하는 세력을 우리의 적으로 간주한다."라고 함으로써 적의 범위를 좀 더 포괄적으로 규정하였다.

모든 것이 '북한 대 남한'이라는 적대적 대결 구도로 작동해 온 우리의 70년 근현대사가 남북관계의 급진전으로 적국의 개념이 흐려지는 방향으로 변화하고 있는 작금의 상황은 새로운 생각을 필요로 한다. 적대적 공생관계에서 벗어나 평화적이고 협력적인 공생관계를 지속하는 방법 그리고 통일국가로 가기 위해 통일국가의 바람직한 국가상이 무엇이며, 이를 구현하기 위해서는 어떤 절차와 방식이 필요한지에 대해 국민적 토론과 합의가 필요하다.

통일국가의 바람직한 국가상이 무엇인가 하는 문제는, 역으로 그동안 한국과 북한이 왜, 무엇 때문에 분단 전후 과정에서부터 지금까지 싸워왔는지를 해명하는 일이기도 하다. 그것도 남북한이 각각 자율적인 단독국가로서의 싸움이 아니라 미국 중심의 자유 진영과 소련 중심의 공산 진영에 속한 채 진영논리로 무장하여 싸울 수밖에 없었는지를 해명하는 일이기도 하다. 그리고 소련의 패망에 따른 동서 냉전체제의 해체에도 불구하고, 한반도에서 한국과 북한의 싸움은 왜 중국과 미국의 패권 경쟁 속에서 지속될 수밖에 없었는지를 해명하는 일이기도 하다.

그동안 한국은 왜, 무엇 때문에 북한에 맞서 싸워왔던 것일까? 그리고 어떻게 한국은 북한에 맞선다는 명분으로 이승만의 독재, 박정희 개발독재 등 반공주의를 허용하면서 민주화를 지체시켰던 것일까? 북한 역시 어떻게 한국에 맞선다는 명분으로 김씨 일가의 3대 세습과 수령독재 그리고 반인권적 비민주주의와 경제적 빈곤을 허용했던 것일까?

흔히들, 한국과 북한이 서로를 비난하면서 적대적으로 공생해 왔던 주변의 상황과 구조적 환경을 '분단체제'라고 한다. 그런데 과연 이 '분단체제'는 왜, 언제부터 생긴 것일까? 많은 사람들은 한반도의 분단체제는 소련과 미국의 냉전체제의 산물이라고 말한다.

그렇다면 소련과 미국은 왜 냉전체제를 만들면서까지 서로를 향해 피터지는 사활적 체제 경쟁을 한 것일까? 왜 미국과 소련은 2차 세계대전에서 독일, 일본 등 파시즘 세력에 맞서 연합국으로 힘을 합쳐 싸우고 승리한 뒤에는 서로 멀어지고 냉전체제까지 만들면서 체제 경쟁의 혈투에 사활적으로 임했던 것일까?

자연스레 이어지는 후속 질문도 많다. 소련과 미국 그리고 한국과 북한은 왜 자유 진영과 공산 진영으로 패를 갈라서 패권 경쟁과 분단체제를 만들면서까지 서로 싸워왔던 것일까? 그리고 동서냉전이 해체된 이후에도 대륙세력인 중국과 해양세력인 미국 사이에 낀 한반도의 한국과 북한은 왜 계속해서 싸울 수밖에 없었던 것일까?

여러 의견이 있겠지만, 이 책에서는 그들 각자가 태생적으로 싸우기 위해 싸운 것이 아니라 더 좋은 국가를 쟁취하기 위한 국가모델을 찾거나 자신들이 선택한 국가모델의 정당성을 놓고 벌인 체제 경쟁에서 이기기 위해 사활을 걸고 싸운 것이라고 보는 견해를 지지한다.

비근한 예로 1929년 대공황의 모순을 만들고 해결하는 전후 과정에서 등장했던 국가 주도의 계획경제를 주도한 스탈린이 이끈 소련의 사회주의 방법, 국가의 전시동원경제를 주도한 히틀러가 이끈 독일의 전체주의 방법, 뉴딜정책을 주도한 루스벨트가 이끈 미국의 복지국가 방법처럼, 그들은 모순된 상황을 극복할 더 좋은 국가를 제안하고 만들기 위해 잔혹할 정도로 서로가 싸웠다.

결국 이 문제는 각 국가들이 자신들이 선택한 국가모델이 더 좋은 모델이라는 정당성을 놓고 치열하게 경쟁하고 싸웠다는 점에서 정치학의 오래된 주제인 '국가정체(regime)'의 문제라고 볼 수 있다.

이에 이 책은, 한반도 주변 국가와 관련된 국가정체의 문제를 논의함에 있어서 아리스토텔레스의 '국가정체론' 그리고 그리스 역사가 폴리비우스와 16세기 피렌체 정치가 마키아벨리가 제기한 '정체순환론'의 문제와 정체순환을 멈추게 하기 위한 대안으로 제시된 '혼합정'으로서의 공화정(republic)을 진지하게 검토해야 한다는 점을 강조하고자 한다. 공화정에 대한 지지는 공화주의라는 정치사조로 정의되고 있다.

그렇다면 국가는 적국의 개념이 흐려지는 시대에는 과거의 적들을 어떻게 상대해야 하는 것일까? 이에 대한 대답은 칼 슈미트(Carl Schmitt)를 넘어서는 샹탈 무페(Chantal Mouffe)의 '경합적 민주주의(agonistic democracy)'에서 찾는 것이 적실성이 크다.

경합적 민주주의는 샹탈 무페의 저서인 『정치적인 것의 귀환』과 『민주주의의 역설』에 잘 드러나고 있다. 경희대 이동수 교수는 「민주화 이후 공화민주주의의 재발견」이란 글에서 더 이상 칼 슈미트의 적과 동지를 구별하는 이분법적 정치 개념을 추구할 수 없게 되었다고 언급하면서, 그 대안으로 샹탈 무페의 경합적 민주주의를 소개하고 있다.

그리고 이동수 교수는 칼 슈미트의 정치 개념을 인정하면서도 그를 좇아갈 수 없는 이유에 대해, "정치에서의 적대적인 갈등에도 불구하고 전쟁처럼 적을 죽이려는 것은 결국 '정치의 종언'을 가져오기 때문"이고, "정치가 끊임없는 갈등의 연속이며, 적을 죽임으로써 갈등을 종식시킬 수 있다는 믿음은 거짓된 믿음이기 때문"이라고 밝혔다.

즉, 이동수 교수는 "나와 대립을 이루고 적대적 경쟁을 벌이고 있다."고 해서 "그가 곧 적이고 죽임의 대상이 되어서는 안 된다."라고 밝히고 있다. 왜냐하면 "그런 태도는 정치공동체의 파멸을 초래할 것이기 때문"이다. 그래서 그는 "반대자는 우리와 비록 정치적 대립과 갈등관계에 있지만 우리와 함께 정치공동체를 구성하는 타자이기에 우리는 반대자를 정치의 필요조건으로 인정할 수 있어야 한다."라는 점을 분명하게 강조하고 있다.

따라서 우리는 이동수 교수의 제안대로 칼 슈미트가 상정했던 '적(enemy)과 동지(friend)의 구별정치'에서 샹탈 무페가 상정한 '경쟁자(adversary) 간의 공존정치'로의 이행을 적극 검토할 필요가 있다. 즉 적대(antagonism)관계에서 경합(agonism)관계로 전환할 필요가 있다. 특히, 이제 북한 정권은 타도하고 괴멸시켜야 할 적(enemy)이 아니라 경쟁자(adversary)로 인정하거나 시장경제와 민주주의로 체제 전환을 위해 이행기를 도와줘야 하는 협력의 상대가 될 수도 있다.

'적과 동지를 구별하는 것이 정치적인 것'이라고 밝힌 칼 슈미트만큼, 근대 국가정치의 본질을 잘 설명한 학자는 없다. 칼 슈미트는 『정치적인 것의 개념』이라는 저서를 통해 이러한 논리를 잘 드러내고 있다.

여기서 '동지'는 미국식 자유민주주의이며, '적'은 자유민주주의를 위협하는 독일의 나치즘과 소련의 공산주의였다. 적과 동지의 구별 논리는 냉전시대를 대표하는 적대적 공생관계의 집단주의 논리로서 내부의 다양성과 차이를 획일성(동일성)의 이름으로 억압하고 덮음으로써 반대로 외부집단과의 차이를 적과 동지의 차별 논리를 전제로 적의 악마화(demonization of enemy)로 전환시킬 수 있었다.

그 악마화는 한국의 경우, 반공법이나 국가보안법과 같은 국가 이데올로기와 법률 및 자율성이 떨어지는 언론사를 통해 국민의 정신과 신체를 강력하게 구속하였다. 하지만 탈냉전시대에는 이 같은 적과 동지라는 선악의 구별 논리는 더 이상 유효하지 않다. 집단 내부의 다양성과 차이를 억압하는 단단한 획일성(동일성)의 논리를 유연하게 해체할 수 있을 때, 외부의 적과 악마화도 약화될 수밖에 없다.

적국의 개념이 약해진 곳에서 국가보안법과 같은 단단한 억압기제가 약해지고 사문화되는 것은 아주 자연스러운 일이다. 즉 변환된 시대 상황에 맞게 이제는 적대적 공생관계를 만들어내는 냉전시대의 집단주의적 진영논리인, '적과 동지의 차별 논리'에서 벗어나 다양성과 차이를 인정하는 '협력(partner)과 경합(adversary)의 공생논리'로 전환될 필요가 있다. 협력과 경합의 공생논리는 다양성과 차이를 드러냄으로써 협력과 경쟁을 권장하는 논리이다. 여기에서 경합자는 파괴해야 할 적이 아니라 다양성과 차이를 상대하고 넘어서야 할 경쟁자로 상정된다.

샹탈 무페의 언급대로, 악마화된 적과 악마화에서 벗어난 경쟁자는 분명 다르다. 적대적 공생관계가 비적대적 공생관계로 전환하는 과정에서 갈등과 투쟁하는 대립 진영은 파괴해야 할 '악마화된 적'이 아니라 그 존재의 정당성을 인정해야 할 '경쟁 상대'일 수밖에 없다.

그러나 갈등하고 적대하는 정치공동체가 존재하는 한, '정치적인 것'을 제거할 수 없기에 적은 사라지지 않는다. 적은 계속 자라나서 존재할 수밖에 없는 특성이 있다. 왜냐하면, 적은 해당 정치공동체의 룰을 공유하지 않거나 거부하여 배제된 대상을 향해서 '그들'과 '우리'로 구별짓는 것을 시작으로 '적'과 '동지'로서 배타적으로 규정되는 경향이 있기 때문이다.

이에 '그들'과 '우리'가 구별되는 장소 그리고 특정 이슈나 쟁점에 따라 입장이 갈리는 곳에서 적은 사라지지 않는다는 점을 분명히 할 필요가 있다. 즉 적은 사라지는 것이 아니라 장소와 쟁점을 바꾸어 새롭게 등장할 뿐이다.

남북관계의 진전이 적대적 공생관계를 비적대적 공생관계로 변화시키고 있는 만큼, 과거의 적을 대하는 태도도 더 이상 악마화된 적이 아니라 경쟁자로 대하는 유연한 자세가 필요하다. 과거의 적대자들과 어떻게 경쟁하고 협력하여 변화를 일으킬 것인지가 관건이다. 이 문제에 대한 진지한 고민이 필요하다.

특히, 한국의 좌우파가 정권잡기용 진영논리를 넘어 초당파적인 국가의 이익을 위해 타협할 수 있도록 공화주의자들이 적극 나서야 할 것이다. 북한이 소극적인 '체제 보장 요구'에서 벗어나 적극적으로 '민주주의와 시장경제'로의 체제 전환을 천명하고, 과도기적 이행기로 '개발독재'의 채택을 약속하면, 비핵화는 반드시 성공해야겠지만 혹시라도 숨겨놓은 핵무기가 있더라도 '민주주의와 시장경제'라는 규범을 공유하기에 또한 핵무기를 사용할 일이 생기지 않기 때문에 크게 문제가 되지 않을 것이라고 좌우파를 설득할 필요가 있다.

공화주의자들이 해야 할 핵심적 과제는, 민주공화국이라는 정체는 인류가 발견한 최선의 정체이기에 민주공화정을 채택하고 있는 대한민국이 북한의 정체와 어떻게 다른지 그 차이점을 설득력 있게 보여 주는 일이다. 특히, 그동안 분단에 따른 반사로 인하여 민족주의(nationalism)가 크게 부각되어 남북한의 다른 정체에 대한 세밀한 관심이 부족했으나, 이제 상황이 달라진 만큼 이에 대한 차이를 충분히 드러낼 필요가 있다.

애국심의 대상 차이를 통해 민주공화국이라는 정체와 민족주의의 차이를 드러낸 대표적인 사람이 정치학자 모리치오 비롤리(Maurizio Viroli)이다. 그는 자신의 저서 『나라사랑론(For Love of Country)』에서, 공화주의에서 말하는 애국심의 대상을 "민중(people)의 공동의 자유를 지탱하는 정치제도들과 생활양식에 대한 사랑"으로, 한 마디로 "공화국에 대한 사랑"으로 정의한다. 비롤리는 이러한 공화주의 애국심의 대상을 "민중의 문화적 · 언어적 · 종족적 하나됨과 동질성을 옹호하거나 강화하려는" 민족주의와 구분한다. 그래서 그는 공화주의의 적이 "참주정과 전제정, 억압과 부패"라면, 민족주의의 적은 "문화적 오염과 이질성, 인종적 비순수성, 사회적 · 정치적 · 지적 분열"이라고 밝히고 있다.

비롤리는 민족주의가 동질적인 민족에 대한 '무조건적' 헌신과 충성을 가리킨다면, 공화주의 애국심은 헌신과 충성이라기보다는 존경과 애정의 형태로서 우리 모두의 자유를 보장해 주는 정치제도들에 대한 '조건적' 사랑을 뜻한다고 본다. 즉 비롤리는 공화주의적 애국심이 '조국(patria)'에 대한 사랑이라면, 이때 조국은 '조국 일반'이 아니라 특정한 조국인 '공화국(republic)'만이 진정한 조국이라고 보고 있다.

오늘날 현대 민주주의는 경제적 양극화와 정치적 양극화로 항상적인 위기에 처해 있다. 때문에 언제든지 극단적인 정당과 정치세력에 의해 과두정으로, 우중정으로, 참주정으로 왜곡될 가능성이 높다.

따라서 민주공화정을 채택하고 있는 대한민국은 참주정에 이어 우중정, 그리고 과두정에 맞서 민주공화국을 방어하기 위한 적절한 대안으로 공화주의와 공화주의에 기반한 정당 노선과 정책 노선을 정립하는 것이 필요하다.

특히, 잠재적인 대중선동가를 경계해야 한다. 대중선동가들은 모든 민주주의 사회에 존재한다. 하지만 어떤 사회는 이들이 승리하지 못하도록 방어한다. 선동가가 대중의 인기를 얻었을 때 당리당략을 넘어서 헌법의 가치와 민주주의의 규범이 파괴되지 않도록 정당들과 정치인들이 공동으로 힘을 합쳐 그들을 견제하고 균형을 잡아야 한다. 가장 중요한 것은 정당이 대의민주주의의 거름망으로서 공천민주주의의 문지기 역할을 해야 한다는 것이다.

이 책은 민주공화정의 정신인 공화주의를 이해하기 위해서 대한민국은 왜 '민주국(democracy)'이 아니라 '민주공화국(republic)'일까를 질문하고 토론해 볼 것을 제안한다. 민주국과 민주공화국은 같은 것일까? 만약 다르다면, 이 둘의 차이를 밝혀 국호의 정체성대로 정치를 하는 것이 바람직하다는 것을 이 책은 강조하고 있다.

일반적으로 민주국은 '다수파에 의한 소수파 지배(다수결 지배)'를 인정하며 '다수파와 소수파가 서로 분열하고 대립하는 체제'를 말한다. 하지만 민주공화국은 다수파와 소수파의 존재를 모두 인정하면서 누가 정권을 잡더라도 '비지배적 자유(freedom as non domination and non dependence)'를 추구하는, 즉 견제와 균형을 통한 공생 상태, 다시 말해 국민 통합을 추구하는 법치주의체제이다. 이것이 가능하기 위해 두꺼운 중산층과 중도파가 중심을 잡고 지적, 도덕적, 정치적 헤게모니를 갖는 체제이다.

민주국은 당연히 1인에 의한 다수지배(군주정), 소수에 의한 다수지배(귀족정)보다 시민 참여의 양적 확대에서 우월한 부분이 있다. 하지만 민주국은 다수파의 전횡에 따른 소수파 무시, 우중정치, 포퓰리즘, 선동정치에 취약하며 중우정으로, 참주정으로 타락하는 경향이 있다.

요컨대, 민주국은 이런 의의와 한계를 갖는 견딜 만한 체제이나 지속 가능한, 우월한 체제라고 할 수는 없다. 이 말은 민주국이 최선의 정치체제는 아니라는 것이다. 따라서 민주국의 '다수파 지배'라는 의의와 다수결이라는 '다수파의 전횡'의 한계도 함께 인정하면서 이를 보완하기 위한 대안 정체가 필요하다. 이에 대한 대안이 민주공화국이다. 즉 '다수파와 소수파를 섞되 전혀 다른 제3의 방식으로 혼합하여 비지배적 자유'를 추구하는 체제가 민주공화국인 것이다.

제1장

# 북한 김씨 일가 참주정 노선과의 차이

## 1. 장성택 처형, 정체(政體)란 무엇인가

지난 2013년 12월 12일에 벌어진 일이다. 북한 김정은은 장성택 전 국방위원회 부위원장을 국가 전복 음모 혐의 등으로 전격 처형하였다. 이 사건은 이보다 3년 전인 2010년 11월 23일 연평도 포격이라는 극단적인 대외 행동에 이어 김정일 국방위원장 사후 저지른 극악한 국내적 행동이란 점에서 북한 정권의 반인권성과 불안정성을 동시에 보여 주었다.

이 사건은 북한의 지도부가 왜 계속해서 이러한 극단적인 행동을 하며 그 원인은 무엇인지, 이러한 행동을 통해 얻으려고 하는 것은 무엇인지, 그리고 한국은 무엇을 어떻게 대응해야 하는 것인지 등 여러 측면에서 의문점을 불러일으켰다.

특히, 김정은은 왜 자신의 고모부를 죽이는 패륜성을 드러내면서 북한 인민들에게 그리고 북한에 적대적인 서방세계와 한국에 장성택이 저지른 범죄행위를 '월권', '분파행위', '당의 유일적 영도체계 거부' 등 '국가 전복 음모죄'를 매우 구체적으로 적시하여 공개적인 프로파간다를 통해 대대적으로 알리면서 숙청의 정당성을 확보하려고 했던 것일까?

이는 과거 김일성과 김정일의 은밀하고 조용한 숙청작업과 다른, 매우 이례적인 일이라는 점에서 궁금한 일이다(Isaac, 2013. 12. 16.). 이러한 궁금증의 실체를 이해하기 위해서 북한 지도부의 극단적인 행태와 북한의 독특한 정치체제 간의 상관성을 살펴보는 것은 매우 타당한 접근이라고 볼 수 있다.

여러 궁금증에도 불구하고, 이것과 별도의 차원에서 장성택 처형사건의 의미를 보고자 하는 독특한 시각이 있었다. 첫째는 진보 성향을 대변하고 있는 유시민 전 보건복지부장관의 시각인 '장성택-이석기 동종(同種)사건론'이고, 둘째는 보수 성향을 대변하고 있는 박근혜 대통령의 시각인 '통일대박론'이다. 이러한 시각이 진보와 보수 진영을 전체적으로 대표할 수는 없지만 매우 상징적인 논쟁점과 문제의식을 제공하고 있다는 점에서 이것을 살펴보는 것은 의미가 있다.

우선 '장성택-이석기 동종사건론'은 유시민 전 장관이 2013년 12월 15일 오후 서울시청에서 열린 '응답하라 민주주의' 2013년 노무현재단 송년행사에 참석하여 드러낸 시각이다. 그는 이 자리에서 "(올해) 가장 두드러지게 기억나는 것은, 북에서는 장성택 숙청·사형, 남쪽에서는 이석기 의원 관련된 내란음모사건"이라며 "그게 같은 사건이에요. 제가 보기에는…"이라고 말하였다.

이어서 그는 "그런 사회(북한)를 '위대한 수령의 손자'가 다스리고 있고, (남한은) 반인반신(半人半神)의 지도자라는 분 따님이 다스리고 있죠."라며 "7·4남북(공동)성명 발표할 때도 서로 짜고 그랬다고 들었는데, 이건 우리 사회가 지금 어디에 와 있는지를 가장 극명하게 보여 준 사례다."라고 말하였다.

또한 그는 "얼마 전에 '박통 2세'가 그런 말씀을 하셨잖아요. 국가 분열하는 언동을 용납 안 하겠다고…"라면서 "제가 '정권 말기' 등을 운운해도 국정원에서 전화가 안 오더라고요. '박통 2세'는 '박통 1세' 때 쓰던 방법을 쓸 수 없잖아요."라고 말했다.

이러한 유시민 전 장관의 발언 요지는 이석기·장성택 사건이 내란음모라는 동종사건이라고 말하는 것일 뿐만 아니라 이것에서 더 나아가 '김정은 정권이 곧 박근혜 정권'이며, 더 나아가 '박근혜 정권은 곧 박정희 정권과 같다'는 논리에서 세 정권 모두 '1인 독재정권'이라는 점에서 동일하다고 주장한다는 것이다.

하지만 유시민 전 장관의 이러한 시각은, 『후불제민주주의』를 비롯 여러 교양서적을 써서 유명세를 탄 이론가로서의 경력을 볼 때, 3대 세습을 통해 '애매하게'[1] 권력을 잡은 김정은 정권과 쿠데타를 통해 비합법적으로 권력을 잡은 박정희 정권 그리고 선거를 통해 집권한 박근혜 정권을 일부러 구별하지 않거나 그것의 차이를 구별할 필요가 없이, 모

1. 여기서 '애매하게'라는 표현을 쓴 이유는 북한 헌법에는, 국가를 대표하는 최고수장을 어떻게 선출할 것인지 혹은 세습할 것인지에 대해 그 절차와 방법이 분명하게 적시되어 있지 않기 때문이다.

두 1인 독재정권이라는 식으로 레토릭을 구사하였다는 점에서 문제가 있다. 즉 그의 시각은 한국의 '민주공화국(정)체제'와 북한의 '세습체제'를 구분하지 못하는 일종의 '반지성주의' 혹은 '중우주의' 혹은 '참주 선동'과 같다는 비판을 받기에 충분하다.

그에 대한 이러한 비판은 2012년 12월 17일 한국 근현대사 연구의 대가인 브루스 커밍스(Bruce Cumings) 미국 시카고대 교수가 오마이뉴스와 한 인터뷰 내용과 비교해 볼 때, 더욱 분명해진다.

브루스 커밍스는 오마이뉴스와의 인터뷰에서 "김정일 위원장의 사망이 북한이 '왕조나 왕국'이라는 것을 더 명확하게 했다."라며 "북한은 권력을 가진 70~80대의 인사들이 논의와 결정 과정에서 집단적 영향력을 미치고 있다."라고 주장하면서 김정은이 이끄는 북한체제를 "1인 독재체제가 아닌 왕조(dynasty)체제"라고 언급했다.

브루스 커밍스 교수는 왕조체제가 1인 지배인 것은 맞지만 왕조의 1인 지배가 곧 독재체제는 아니라는 점에서 이 둘의 차이를 구분하고 있다. 브루스 커밍스 교수의 이런 구분법은 '1인 독재체제'가 '군주정체제'와 다르다는 것을 구분해 주는 데 매우 유용하기는 하다. 하지만 그러한 구분의 현실 적용에 있어서는 마찬가지로 문제점이 있다.

즉 '김정은체제'를 김일성과 김정일의 1인 독재체제와 다른 '왕조체제'라고 합리화시켜 주고 있다는 점에서, 다시 말해 김정은체제를 이전의 김일성·김정일체제보다 더 긍정적인 체제로 정당화해 줌으로써 3대 세습과 인권유린의 문제점을 은폐하는 데 일조하고 있다는 점에서 문제점이 있다.

이렇듯, 브루스 커밍스의 접근은 '조선민주주의인민공화국'이라는 국호에서 발견되듯 '공화국'이라는 정체의 헌법적 가치에서 북한 정권의 성격을 규명하지 않고, 1인 지배체제의 긍정적 형태와 부정적 형태로 나눠 독재와 왕조로만 구분함으로써 '엄밀성(rigor)'을 떨어뜨리는 문제점이 있다.

어쨌든, 유시민 전 장관의 시각은 '반지성주의' 등의 비판에도 불구하고, 브루스 커밍스 교수의 주장과 연결시켜 볼 때, '정치체제의 분류'와 관련하여 네 가지 질문을 던지고 확인해 볼 것을 요구한다.

첫째, 헌법상 국호가 '왕조(dynasty)'가 아닌 분명한 '공화국(republic)'이고, 공화국 헌법에 '세습'을 규정하지 않고 있음에도 불구하고 왕조에서나 정당화되는 세습이라는 '애매한 방법'으로, '비합법적'[2]으로 권력을 장악한 김정은체제, 공화국이 정해 놓은 선거에 반하는 방식으로 쿠데타를 통해 비합법적으로 권력을 장악한 박정희체제, 그리고 공화국에서 선거라는 합법적 선출방식을 통해 집권한 박근혜체제를 동일한 1인 독재체제라고 주장하는 것을 적절하다고 평가할 수 있겠는가?

둘째, 만약 박근혜체제를 북한 김정은체제와 동일한 1인 독재체제라고 규정한다면, 그에 대한 대안으로 '민주정'을 요구해야 하는데, 이미 절차적인 수준에서 선거민주화를 통해 민주정을 운영하고 있는 시점에

2. 여기서 '비합법적'이라는 표현을 쓴 이유는 '애매한 방법'이라는 표현과 마찬가지로 북한 헌법에는 국가를 대표하는 최고수장을 어떻게 선출할 것인지 혹은 세습할 것인지에 대해 그 절차와 방법이 분명하게 적시되어 있지 않기 때문이다. 적어도 공화국이라는 헌법적 가치에서 볼 때, 선거가 아닌 군주정에서 사용되고 있는 세습과 같은 애매한 방법으로 권력을 장악하는 것은 비합법적이라고 할 수 있다.

서 또다시 민주정을 요구하는 것이 적절하다고 평가할 수 있겠는가?

셋째, 민주화된 지 30년이 넘어가는 시점에서, 우리가 채택하고 있는 대한민국의 정치체제인 민주공화국이란 도대체 어떤 체제이고, 그런 체제는 어떻게 만들어질 수 있는가?

넷째, 민주공화국과 대립관계에 있는 북한체제를 어떻게 개념 정의해야만 분석의 적실성을 가질 수 있겠는가? 즉 북한이 헌법적 형식으로는 왕조나 군주정(kingship)이 아닌 공화국(공화정, republic)임에도 불구하고, 내용적으로는 군주(king)를 참칭(僭稱)하는 일종의 참주(tyrant)처럼 애매한 세습 독재로 전락한 이 정치체제를 어떻게 설명해야 학술적인 엄밀성을 가질 수 있을 것인가? 그것은 플라톤과 아리스토텔레스, 마키아벨리와 토크빌 그리고 제임스 매디슨의 전통적인 정체 분류방식에 따라 북한체제를 참주정(tyranny)이라 개념 정의하고 설명하는 것이 엄밀한 인식 차원에서 적실성이 있지 않을까 한다.

이어서 '통일대박론'은 박근혜 대통령이 2014년 1월 6일 신년 기자회견에서 "저는 통일은 대박이라고 생각한다. 만약에 통일이 되면 우리 경제는 굉장히 도약할 수 있다고 본다."라고 말한 것에서 탄생하였다. 또한 박 대통령은 동년 1월 10일 청와대에서 블룸버그 통신과 가진 인터뷰에서 "남북한이 통일되면 한반도 경제가 또 한 번 도약할 수 있는 성장 활력을 불어넣는 기회가 될 것"이라고 말함으로써 통일의 중요성과 경제적 가치를 강조하는 통일대박론을 굳혔다(양원권 2014. 1.15.).

하지만 이런 박근혜 대통령의 시각에 대해 야당과 이해관계자인 북한의 반응은 비판적이고 부정적이었다. 이와 관련하여 2014년 1월 10일

외교·통일·안보 분야 대정부질문에서 민주당 문병호 의원은 "통일대박론에는 과정이 없다."라면서 "우리가 어떻게 하느냐에 따라 통일은 대박이 될 수도, 쪽박이 될 수 있다."고 지적했다. 또한 그는 "북한의 급변사태와 붕괴, 인위적 흡수통일을 염두에 두고 통일대박론을 설파했다면 이는 위험천만한 판단"이라면서 "화해 협력이 지금처럼 미진한 상태에서 급변 사태가 발생하면 엄청난 충격과 혼란, 갈등과 후유증이 예상된다."라고 말했다(이귀원 2014. 1.10.).

또한 북한은 한마디로 통일대박론이 급변 사태의 망상을 유도하거나 이용하려는 일종의 '북한붕괴론'이나 '북한 흡수통일론'과 같은 것이라고 평가하였다. 연합뉴스가 2014년 1월 20일 입수한 북한의 대외 선전용 주간지 『통일신보』(1월18일자)는 '통일은 대박? 무엇이 문제인가'라는 글에서 박근혜 대통령이 신년 기자회견에서 '통일은 대박'이라고 밝힌 사실을 거론하며 이 말에는 "급변 사태에 기대를 건 흡수통일의 망상이 깔려 있다."고 비난하였다(김정은 2014.1.20.).

이러한 민주당의 문병호 의원과 북한 『통일신보』의 비판적 시각을 볼 때, 박근혜 대통령의 통일대박론은 장성택 처형을 통해 드러난 북한의 불안정성이 북한체제의 붕괴라는 급변 사태로 연결될 것이라는 일종의 '북한붕괴론'에 근거한 '흡수통일 방안'이라는 비판을 받기에 충분하다. 즉 통일대박론은 북한붕괴론 혹은 북한압박론과 다를 바 없다는 의혹에서 자유로울 수 없다. 그리고 중국이라는 북한의 혈맹국가가 존재한다는 것을 망각하고 있다는 점에서 그것의 현실 적용에 있어 적실성이 떨어진다고 볼 수밖에 없다.

왜냐하면 이런 북한붕괴론은 과거에도 있었지만, 북한은 붕괴되지 않았기 때문이다. 즉 1994년 7월 북한 김일성 주석이 사망한 뒤 한국과 미국에 북한붕괴론이 급속히 퍼졌으며, 3년 안에 북한이 망할 것이라는 얘기가 떠돌고, 김영삼 대통령까지 북한 붕괴를 언급한 바 있었다. 하지만 그런 일은 일어나지 않았다(이지은 2014.2.10.).

박근혜 대통령의 시각인 통일대박론에 대한 비판과 문제점에도 불구하고, 이것은 다음과 같은 문제들에 대해 고민할 것을 제기한다.

첫째, 북한체제는 왜 붕괴되지 않고, 어떻게 보존되고 있는가?

둘째, 부시 행정부가 시도한 북한붕괴론 혹은 북한압박론인 '레짐 체인지론'이 실패한 배경이 되고 있는 중국의 북한에 대한 이해관계가 존재하는 상태에서, 북한 붕괴를 유도하는 이른바 북한압박론 혹은 북한 흡수통일 방안은 북한체제를 변혁시킬 수 있는 적실성있는 방안인가?

셋째, 그렇다면 민주공화국을 지향하는 한국의 관점에서 볼 때, 북한체제를 개선할 수 있는 적절한 방법은 무엇일까?

상술한 바와 같이, '장성택-이석기 동종사건론'과 '통일대박론'처럼 장성택 처형은 정치체제의 분류와 정치적 태도 등 엄밀하게 검토해 보고 답을 찾아야 하는 많은 쟁점과 논쟁 및 토론 주제를 던져 주고 있다. 하지만 이상의 문제제기에 대해 구체적으로 모두 답하는 것은 지면상으로 불가능하다.

따라서 거시적인 차원에서 핵심적인 해답을 찾기 위해서는 정치체제의 분류에서 통념적으로 사용해 왔던 '1인 독재체제'나 '1인 독재'의 대립항으로 사용되어 온 '민주정(민주주의)'이라는 이분법적 구도에서 벗어나 플라톤과 아리스토텔레스, 폴리비오스, 마키아벨리, 토크빌, 제임스 매디슨 등이 사용했던 고전적 전통을 따르는 '엄밀한 7분법적 개념틀'을 활용할 필요가 있다.

고전적인 전통에 따라 엄밀한 7분법적 개념틀을 사용하려는 이유는 '1인 지배체제는 나쁘고 다수 지배체제인 민주주의는 좋다.'라는 명제는, 민주화 이전에는 어느 정도 적실성을 가졌으나 현시점에서 즉 민주공화국(공화정)을 심화시켜야 하는 단계에서 그것만으로는 더 이상 적실성을 갖는 데 많은 한계를 가질 수밖에 없기 때문이다.

즉 군주정과 귀족정 그리고 민주정 간의 견제와 균형 및 공존을 추구하는 공화정의 관점에서 볼 때, 1인 지배체제라 하더라도 군주정(kingship)을 무조건 나쁜 체제라고 비판할 수도, 중우정과 참주정을 부르는 '극단적인 민주정'을 무조건 좋은 체제라고 옹호할 수도 없기 때문이다.

이 글의 목적은 정치체제의 분류(정체 분류)에 있어서 고전적 전통을 따르는 엄밀한 7분법적 개념틀을 사용하여 한국의 정치체제를 '민주공화정'으로, 그리고 북한의 정치체제를 '참주정'으로 규정하는 한편 이러한 규정에 근거하여 북한 참주정의 보존·변혁·개선에 관한 사항을 이론적·경험적으로 살펴보는 데 있다.

아울러, 북한 참주정을 개선할 수 있는 한국 정체의 대응방안을 탐색해 보고자 한다. 이에 따라 2절에서는 정체의 분류를 통해 공화정에 대한 엄밀한 개념 논의를 한다. 3절에서는 참주정체의 특성에 대해 고전적 전통에 따라 엄밀한 7분법적 개념틀로 논의한다. 4절에서는 북한 참주정의 변혁·보존·개선과 관련한 이론적·경험적인 논의를 한다. 5절에서는 한국적 처방으로 북한 참주정 개선에 대한 대안을 탐색한다.

## 2. 공화정에 대한 엄밀한 개념 논의

### 1) 정체의 분류와 최선의 정체

고대와 현대, 동양과 서양을 막론하고 좋은 정체(politeia: constitution, regime), 즉 좋은 정부 형태(good government)를 갖는 것은 인류의 오랜 희망이자, 당대 정치의 사활적인 문제였다. 동양에서 군주들은 대체로 폭군(暴君)보다는 성군(聖君)이 되기를 희망했으며, 백성들은 성군을 만나 태평성대를 누리는 것을 평생 행복으로 생각하였다.

동양에서 성군적 리더십이 부족한 왕들은 폭군으로 몰려 역성혁명론에 의거한 반정과 정권 교체의 대상이 되기도 하였다. 이러한 사정은 서양에서도 마찬가지였다. 서양에서도 부패하거나 타락하지 않고 자유시민에 의해 공공선을 유지할 수 있는 영원한 정치체제 혹은 정부 형태를 갈구하였다. 아리스토텔레스(Aristoteles)는 '좋은 국가'를 가질 때만이 시민들이 탁월하고 행복한 삶을 누릴 수 있다고 생각했으며, 좋은 국가를 추구하는 것이 정치의 가장 중요한 문제라고 강조하였다.

아리스토텔레스는 좋은 정체를 추구하기 위하여 나쁜 정체와의 특성을 비교하였다. 그는 〈표 1〉처럼, 통치자의 수(1인 통치, 소수 통치, 다수 통치)와 통치의 목적, 권력의 사용방식(공익/합법적 사용 vs 사익/비합

〈표 1〉 아리스토텔레스의 정체 구분

| 통치자의 수 | | 1인 통치 | 소수 통치 | 다수 통치 |
|---|---|---|---|---|
| 통치 목적 | 공익(합법) | 군주정(kingship) | 귀족정(aristocracy) | 혼합정(polity) |
| (권력 사용) | 사익(비합법) | 참주정(tyranny) | 과두정(oligarchy) | 민주정(democracy) |

법적 사용)에 따라 정체를 6종류로 유형화하였다. 그는 1인, 소수자, 다수자가 각각 공동의 이익을 위하여 합법적으로 통치하는 정부 형태를 좋은 정체라고 보았으며, 반대로 한 사람, 소수자, 다수자가 각각 사적인 이익을 위해 비합법적인 방법으로 통치하는 정부 형태를 나쁜 정체로 보았다.

그는 공동의 이익을 고려하는 정부 형태 중 1인이 통치하는 형태를 군주정(kingship)으로, 소수자가 통치하는 형태를 귀족정(aristocracy)으로, 다수자가 통치하는 형태를 혼합정(polity)으로 규정하였다. 반대로 각각의 좋은 정체에 해당하는 형식—즉 사적인 이익을 위해 비합법적인 방법으로 통치하여 나쁜 정부 형태로 전락하게 되는 형식—에 따라, 군주정이 타락하면 참주정(tyranny), 귀족정이 타락하면 과두정(oligarchy), 혼합정이 타락하면 민주정(democracy)이라고 분류하였다. 아리스토텔레스는 가장 이상적이면서도 현실적인 정체로, 과두정과 민주정을 중용적·중도적으로 혼합한 '혼합정'을 지지하였고, 가장 타락한 형태로 참주정을 꼽았다(『정치학』 1279a22–1279b4, 1289a38–1289b12[3]).

3. 아리스토텔레스의 『정치학』 다음에 나오는 알파벳과 숫자는 통상적인 고전 표기방법에 따른 것이며, 인용은 천병희(2007)의 번역이다.

아리스토텔레스가 혼합정을 지지했던 이유는 '순수한 단일 정체(pure regime)'만을 지향할 경우, 부자만을 대변하는 '과두정'과 빈자만을 대변하는 '민주정'으로 타락하게 되어 정체의 균형을 잃게 된다고 보았기 때문이다. 즉 산술적인 평등을 강조하는 민주정과 자격 및 능력에 따른 비례평등을 강조하는 귀족정이 결국 부자들과 빈자들의 갈등으로 치달아 그 사회를 불안과 극단으로 치닫게 만들 것이라고 보았다.

따라서 그는 이러한 단일 정체를 견제하고 균형을 잡기 위해서는 중산층이 중심이 되는 혼합정이 가장 이상적이면서도 현실성이 있다고 주장하였다. 혼합정은 오늘날로 보면 일종의 '공화정'이라 할 수 있다.

### 2) 정체의 순환과 공화정의 탄생 의미

마키아벨리(Machiavelli)는 플라톤(Plato)과 아리스토텔레스의 정체 구분법과 그것의 개선에 대한 문제의식을 적극 수용하였다. 또한 그는 그리스 정체 변천사가 군주정 → 참주정 → 귀족정 → 과두정 → 민주정 → 중우정 → 군주정으로 순환된다는 '정치체제 순환론(Anaclyosis: 아니키클로시스)'과 그 순환론에서 벗어나는 방법으로 혼합정체를 주창한 폴리비오스(Polybios)의 접근을 적극 수용하였다.

마키아벨리는 〈그림 1〉과 〈그림 2〉, 〈표 2〉처럼, 로마의 정체 변천사를 반영한 정체순환론과 함께 바람직한 방향의 좋은 정체로는 혼합정체인 '공화정(republic: mixed political body)'을 주창하였다. 그는 로마 공화정이 집정관(군주정), 원로원(귀족정), 호민관(민주정)이 제도화되

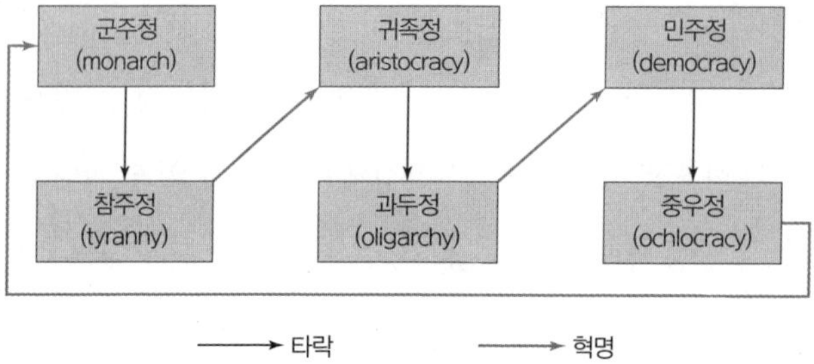


〈그림 1〉 마키아벨리의 정체순환론

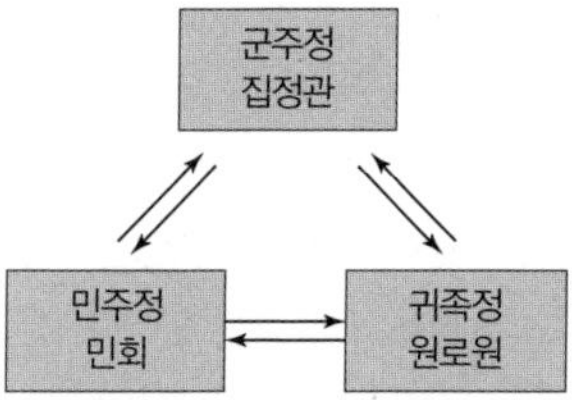


〈그림 2〉 마키아벨리의 공화정론

| | | 로마 공화정의 혼합적 요소 |
|---|---|---|
| 군주정 | ➡ | 집정관 |
| 귀족정 | ➡ | 원로원 |
| 민주정 | ➡ | 민회/호민관 |

〈표 2〉 로마 공화정의 세 요소

어 균형적으로 혼합된 것처럼, 순수한 정체의 타락에서 오는 혼란 그리고 정체의 흥망성쇠에서 오는 순환 과정을 막기 위해서는 좋은 정부 형태인 군주정, 귀족정, 민주정이라는 세 정체를 혼합해야 한다고 주장하였다.

그는 로마의 공화정에서 통령(consul)이나 독재관(dictator)은 군주정의 부분으로, 원로원은 귀족정의 부분으로, 민회/호민관은 민주정의 부분으로, 그것이 공화국이라는 혼합 정부 안에서 잘 혼합된 형태로 인식하였다. 또한 그는 로마가 오랫동안 번영할 수 있었던 배경에는 공화정이라는 혼합정체가 있었기 때문이라고 평가하였다(Finley 2001).

마키아벨리의 이러한 혼합정체로서의 공화정에 대한 문제의식은 미국의 건국자들에게도 이어져 삼권분립과 양원제 그리고 연방과 지방이

분리되면서도 견제와 균형으로 유지되는 최초의 민주공화국 정체를 탄생시키는 사상적 배경이 되기도 하였다.

특히, 미국의 민주공화국적 정체를 잘 이해하고 있었던 매디슨(James Madison)과 토크빌(Alexis de Tocqueville)은 미국의 건국자들이 미국적인 민주공화국 정체를 고안하게 된 배경은 '다수의 전횡' 혹은 '다수의 참주정(tyranny of majority)'이라는 문제를 해결하기 위해서라고 평가하였다(매디슨 외 1995; 토크빌 1997).

다수의 참주정과 같이 그들이 참주정(tyranny)이라는 단어를 의식적으로 사용한 이유는 다음과 같다. 즉 의회와 정부가 소수파인 귀족의 의견을 수렴하기 위한 공론과 통합적인 노력없이 숫자가 많은 평민파들의 다수결주의로 치달을 경우 언제든지 아리스토텔레스와 마키아벨리가 우려했던 참주정을 불러올 수 있다고 우려했기 때문이다.

따라서 그들은 민주공화국의 정신을 지키기 위해 수평적으로 입법부, 행정부, 사법부라는 권력 분립과 권력 분점을 통한 혼합정부론을 강조하였을 뿐만 아니라 수직적으로 '강력한 중앙정부론'과 '중앙정부 무용론'이라는 극단적인 시각에서 벗어나 중앙과 지방이 서로 존중되면서도 연계되는 '연방주의론'을 주창하였다(정경희 2001).

### 3) 공화정의 핵심과 그 유지 방법

극단적인 민주정에 따른 참주정의 등장 그리고 참주정에 따른 혼합정(공화정)의 붕괴에 대한 매디슨의 우려는 아리스토텔레스의 문제의식에서 기원한 것이다. 아리스토텔레스는 이미 자신이 대안으로 제시한 혼합정체의 핵심은 상이한 두 정체(민주정체, 과두정체)의 법규의 평균 또는 중간을 취합하여 공통되게 결합시키는 것, 즉 중도(中道)를 잘 유지하는 것이라고 보았다(『정치학』 1294a30-1294b15).

아리스토텔레스는 중도의 핵심이 잘 반영된 혼합정체는 "민주정체의 요소와 과두정체의 요소를 모두 포함하는 것처럼 보이면서 동시에 그중 어느 쪽 요소도 포함하지 않는 것처럼(즉 제3의 정체인 것처럼) 보여야" 한다고 주장했다(『정치학』 1294b34-1294b36).

혼합정체의 핵심적 특징으로 중도에 대한 이러한 강조는 귀족과 부자를 대변하는 과두정체와 빈민을 대변하는 민주정체의 결합이 단순한 물리적 결합을 의미하는 절충과 타협이 아니라 공공선을 위한 '인민의 정부'라는 화학적 결합이라는 점에서 오늘날 대의민주주의 원리가 추구하고 있는 권력의 분립을 통한 다양한 세력의 권력 분점 효과를 기반으로 하고 있는 민주공화국 정체의 정신과 닮아 있다.

특히, 그가 중용이 간과된 과두정체와 민주정체보다 혼합정체를 대안으로 제시하게 된 배경은 "민주정체에서도 과두정체에서도 정치가들이 다음과 같은 실수"를 범하고 있는 것이라고 보았기 때문이다. 그 실수란 민주정체에서 민중선동가들이 부자들의 이익을 대변하는 것처럼 보여야 하는데, 오히려 부자들과 전쟁을 함으로써 나라를 둘로 나누었으며, 과두정체에서도 민중의 이익을 대변하는 것처럼 보여야 하는데, 그렇게 하지 않았기 때문이라고 분석하였다(『정치학』 1310a2-1310a9). 그는 "극단적인 민주정체나 과두정체가 생겨나 중도를 잃으면 참주정체가 등장한다."라고 하면서, "정체는 더 잘 혼합될수록 그만큼 오래 존속된다."라고 강조하였다(『정치학』 1295b343, 1297a6).

아리스토텔레스는 과두정체와 민주정체가 중도적으로 결합한 혼합정이 최선의 정체라고 언급한 것에 이어서 그러한 혼합정체를 유지하기 위한 계급적 기반과 함께 통치체제의 구도 전략을 고민하였다. 그는 혼합정체의 주요 계급적 기반으로 중산계급(중산층 hoi mesoi)의 중요성을 강조하였다.

왜냐하면 중간계급이 이성(logos)에 잘 복종하는 훌륭한 시민으로서 자유민답게 지배할 줄 알고, 자유민답게 복종할 줄 아는 탁월성을 소유하고 있다고 보았기 때문이다. 또한 빈민들은 지배할 줄 모르고 노예처럼 지배받을 줄만 알며, 부자들은 복종할 줄 모르고 지배할 줄만 아는 편향성과 극단성을 가지고 있기 때문에 이성적인 행동을 하기 어렵다고 보았기 때문이다(『정치학』 1295 a34-1295b13).

그는 최선의 정체인 혼합정에서는 정부의 통치권을 결정하는 권한이 중산계급에게 있고, 다른 두 계층인 부자와 빈자를 수적으로 압도하는 혼합정체가 최선이라고 주장하였다. 다시 말해서, 중산계급이 중심이 되는 혼합정체가 최선의 국가공동체이고, 중간계급이 많아서 가능하다면 다른 두 계층을 합한 것보다, 아니면 적어도 어느 한쪽보다 더 강할 때 훌륭한 국가를 가지게 될 것이라고 말하였다(『정치학』 1296b34-1296b46).

아리스토텔레스는 혼합정체의 관점에서 민주정체와 과두정체도 중용이 간과되어 극단으로 치우치게 되면, 더 나쁜 정체인 참주정체로 타락한다고 보았다. 그래서 참주정체의 등장을 방지하는 관점에서 "민주정체는 부자들의 재산을 아껴주는 것이 바람직하고, 과두정체는 빈민을 격려하고 배려해 주는 것이 바람직하다."라고 보았다. 계속해서 그는 "과두정체는 민중 없이는 유지될 수 없고, 민주정체는 부자들 없이는 유지될 수 없음을 명심해야 한다."라고 강조하였다(『정치학』 1309a14-1309a20).

그는 빈민과 부자라는 양극단이 결정권을 갖는 국가정체에서는 우애에 근거한 자유민의 정치적 공동체가 아니라 가정경제 영역인 주인과 노예의 지배-피지배관계가 성립된다고 보았다. 중산계급이 강력한 기반을 갖는 혼합정체에서만이 극단적인 민주정체 또는 극단적인 과두정체가 참주정체로 바뀌는 것을 막을 수 있다고 보았으며, 그 이유를 중산계급이 반란과 파쟁의 위험에 가장 덜 노출되어 있기 때문이라고 설명한다.

특히, 그는 대부분의 국가가 혼합정체가 아니라 민주정체나 과두정체인 것은 대개 중산계급의 수가 적기 때문이고, 민주정체나 과두정체가 극단에 치우치게 되어 붕괴할 수밖에 없는 이유는 중산계급을 중심으로 하는 중용의 정치가 부족하기 때문으로 분석하고 있다. 따라서 그는 결론적으로 중산계급이 두터운 혼합정체일수록 그리고 중산계급 중심으로 빈민과 부자가 더 잘 혼합한 정체일수록 더 오래 존속할 수 있다고 주장하였다.

## 3. 참주정에 대한 엄밀한 개념 논의

### 1) 참주정체의 유형과 특징 및 기원

아리스토텔레스는 〈표 3〉처럼, 참주정과 군주정의 차이를 비교 설명하면서 참주정을 군주정이 타락한 최악의 정치체제로 보았다(『정치학』 1289a42). 그는 군주정의 다섯 가지 유형(『정치학』 1284b35-1285b34) 그리고 참주정의 세 가지 유형(『정치학』 1295a1-1295a20)을 비교하면서, '합법성(legality)', '권력 제한(limitation)', '정통성(legitimacy)', '동의(consent)'라는 네 가지 기준의 유무(有無)를 통해 각 유형의 차이를 설명하였다(Tarcov 2005).

그는 〈표 3〉과 같이, 바바리안식(babarian)과 동양적 전제식(despotic)을 군주정적인 요소와 참주정적인 요소를 함께 공유하고 있는 이중적 성격의 정체로 보았다. 아리스토텔레스는 참주정이 군주정에 비해

〈표 3〉 아리스토텔레스의 군주정과 참주정의 차이점 분류

| | | 합법성 (legality) | 권력 제한 (limitation) | 정통성 (legitimacy) | 동의 (consent) |
|---|---|---|---|---|---|
| 군주정 (kingship) | 스파르타식(spartan) | 있음 | 있음 | 세습/선출 | 있음 |
| | 고대 그리스식(archaic) | 있음 | 없음 | 선출 | 있음 |
| | 영웅기 그리스(heroic) | 있음 | 있음 | 세습 | 있음 |
| 군주정과 참주정 겹침 | 바바리안식(babarian) | 있음 | 없음 | 세습 | 있음 |
| | 동양적 전제(despotic) | 있음 | 없음 | 세습 | 없음 |
| 참주정(tyranny) | | 없음 | 없음 | 없음 | 없음 |

* 출처: Tarcov. 2005. p.133 일부 수정.

법을 지키지 않는다는 측면에서 불법적이며, 권력 사용에 있어서도 무제한적이며, 선출과 같은 방식으로 권력을 획득하여 사용하지 않기 때문에 정통성도 없으며, 민중의 동의도 없이 통치하는 아주 나쁜 정체로 보았다. 특히, 동양적 전제식의 참주정체에 대해서, 아시아인들이 유럽인들보다 더 노예근성이 강해서 불평없이 전제정치(despotism)를 잘 참고 견딘다고 보았다.

또한 아리스토텔레스는 동양적 전제정인 참주정체의 큰 특징으로 공공업무를 처리하는 권한을 가진 단 한 명의 참주가 모든 것을 처리하는 '가부장적 가사관리인'의 역할을 한다는 데 있다고 평가하고 있다. 가부장적 가사관리인이라는 것은 가정경제에서의 재산관리인으로서, 공적인 정치 영역에서 통치자와 시민 간에 자유로운 관계(politike arche)로서 통치하는 것이 아니라 사적인 가정경제 영역에서 주인과 노예의 관계(despotike arche)처럼, 억압적이고 독재적인 방식으로 지배하는 것을 의미한다.

즉 자발적으로 복종하는 시민들을 법에 따라 통치하는 군주정과 달리 참주정은 사적인 가정경제에서 주인이 노예를 억압과 폭력 등 강압적 방식으로 자의적으로 지배하는 체제로, 필연적으로 독재자는 아무런 책임도 지지 않고 자기와 동등한 자들과 더 훌륭한 자들을 그들의 공공적 이익을 위해서가 아니라 자신의 사적인 이익을 위해 지배한다고 보았다.

여기서 전제정치(despotism)라는 것은 참주정이라는 매우 독특한 정체의 성격에서 나오는 것으로 여러 가지 특징을 발생시킨다. 첫째, '폭압적'인 특징을 양산한다. 둘째, 공적인 정치 영역을 가부장이 가정경제를 다스리는 방식처럼 '사유화'하는 특징을 양산한다. 셋째, 사유화하는 과정에서 시민들이 가진 정치성을 '탈정치화'시킨다는 특징을 양산한다. 넷째, '탈정치화'되는 과정에서 조직적으로 가부장 1인에 대한 일방적인 충성과 맹목적인 복종만을 요구한다는 점에서 '전체주의화'라는 특징을 양산한다.

아리스토텔레스는 최악의 정체인 참주정체에 대해 "국가공동체를 마치 주인이 노예를 지배하듯이 통치하는 1인 지배체제"라고 분명하게 정의한다(『정치학』 1279b16). 그리고 참주정체는 극단적인 과두정체와 극단적인 민주정체에서 출현한다고 보고, 극단적인 과두정체와 극단적인 민주정체의 특징은 참주정체의 특징과 닮아 있다고 평가하고 있다.

특히, 극단적인 민주정체에서는 귀족의 재산을 몰수하자는 등 민중의 환심을 사기 위한 극단적인 주장들이 민중선동가들에 의해 제기되고, 이들에 선동된 '민중의 결의'가 법을 대체하면서 민중들이 다수로 구성된 독재자(monarchos)가 되고, 이런 곳에서는 훌륭한 시민들을 폭력으로 대하게 되면서 또는 민중선동가들에게 탄압을 받던 귀족들이 반발하여 민주정체를 무너뜨리게 되면서 민주정체가 참주정체로 변해갔다고 평가한다(『정치학』 1292a7).

또한 그는 "극단적인 과두정체는 극단적인 민주정체와 마찬가지로 일종의 참주정체"로서(『정치학』 1292a50), 과두정파끼리의 파쟁 또는 민중과의 파쟁으로 폭력이 발생하기 때문에 그 특징이 참주정과 닮아 있다고 평가한다(『정치학』 1302a8).

### 2) 참주정체의 변혁과 보존·개선에 대한 논의

참주정은 고대 그리스 공동체(polis)가 귀족정에서 민주정으로 이행하거나 민주정이 중우정으로 붕괴되는 과도기에 주로 등장했던 정체이다. 참주정은 대체로 귀족정에서 소수의 귀족 세력과 과두정에서 부자 세력에 대항해서 민중과 평민들의 호의와 환심을 기반으로 비합법적인 방법으로 권력을 장악하여 민중들에게는 경제적 포퓰리즘 정책을, 자신의 적대자들에게는 정치군사적인 억압과 폭력을 사용하여 통치하다가 1인 독재체제(monarchy)로 전락한 체제이다.

참주정체는 민중과 밀접한 관련을 가지고 있는 정체로, 아테네의 대표적인 참주로는 기원전 561년 페이시스트라투스(Peisistratus)가 유명하다. 그는 귀족과 평민 사이에서 중립을 지키기 위해 소극적인 개혁에 그쳤던 솔론(Solon)과는 달리 평민의 입장에서 포퓰리즘 통치를 했기 때문에 평민으로부터 상당한 인기를 얻었다. 그러나 5세기 이후 이 같은 참주(정)는 시간이 지나면서 점차 오늘날과 같이 부정적인 개념으로, 비합법적인 방식으로 권력을 장악하여 법과 공익의 한계를 벗어나 폭압과 사익을 추구하는 방식으로 통치하는 체제나 의미로 사용되었다(Boesche 1996).

아리스토텔레스는 민중과 대중 가운데에서 선출되거나 신임을 받은 민중선동가들이 민중이 더 이상 귀족에게 억압받지 않도록 귀족들에 맞서는 과정에서 군사적 재능을 지닌 참주로 등장하면서 참주정체가 정체 중 가장 단명한 정체로서, 극단적인 민주정체의 해악과 극단적인 과두정체의 해악을 다 가지고 있기 때문에 변혁이 불가피하다고 보았다. 즉 참주정체는 극단적인 과두정체와 민주정체라는 두 가지 악이 혼합된 정체이기 때문에 두 가지 정체의 일탈과 과오로 붕괴될 수밖에 없다고 보았다.

아리스토텔레스는 참주와 군주가 어떻게 다른지를 잘 구분하고 있다. 그에 의하면, 왕은 재산을 가진 자들이 부당한 대접을 받지 않고, 민중이 학대받지 않도록 공동체의 수호자가 되기를 원하며 명성을 추구하지만, 참주는 전쟁놀이를 통해 시민들의 여가와 공익을 거들떠보지 않고 자신만의 쾌락과 부를 탐한다고 보았다.

따라서 왕의 친위대는 시민이지만 참주의 친위대는 용병이라고 보았다. 참주의 과두정적 요소는 부를 목표로 하여 용병과 함께 호화 생활을 한다거나 대중을 불신하거나 대중에게서 무기를 빼앗거나 민중을 억압하는 것이라고 보았다. 그리고 참주의 민주정적인 요소로는 귀족을 적대시하거나 공공연히 파멸시키며, 경쟁자를 추방하는 것이라고 보았다. 따라서 참주정체를 전복하려고 음모를 꾸미는 자들은 귀족들이라고 보고 이들이 이러한 일을 꾸미는 것은 통치자가 되고 싶거나 남의 노예로 살고 싶지 않기 때문이라고 보았다(『정치학』 1310b40-1311a21).

아리스토텔레스는 참주정체가 변혁될 수밖에 없는 이유를 참주가 저지르는 부당한 억압, 두려움, 경멸, 재산 몰수 때문이라고 보았다. 피치자들이 참주정체를 반대하여 이를 공격하는 주된 이유는 증오와 경멸 그리고 분노라고 보았다(『정치학』 1311a22). 그는 참주정체는 참주정체에 반대하는 이념을 가진 더 강력한 국가가 있을 때 외부적인 원인에 의해 붕괴될 수 있다고 했다.

즉 참주정체와 다른 민주정체 그리고 군주정체와 귀족정체는 참주정체를 적대시한다고 보고 있다. 또한 참주정체는 통치자 일족의 내부적인 분열과 파쟁으로 서로 반목할 경우에도 붕괴될 수 있다고 보고 있다. 요컨대 그는 혼합되지 않은 극단적 과두정체와 극단적 민주정체가 결과적으로 참주정체를 파괴하는 것으로 간주해야 한다고 보았다.

아리스토텔레스는 참주정체가 가장 단명한 정체이지만 보존되는 이유와 방법에 대해서도 논의하였다. 그는 참주정체가 보존되는 방법으로 첫째, 전통적인 억압정책을 쓰는 경우라고 보았다. 억압정책의 목표는 세 가지로 피치자들이 기를 펴지 못하게 하는 것, 피치자들이 서로 불신하게 하는 것, 정치활동을 할 수 없게끔 무기력하게 만드는 것이라고 보았다.

둘째, 참주정체를 군주정과 혼합정에 동화시키는 정책을 쓰는 경우라고 보았다. 즉 참주가 공익을 위하고, 국고를 잘 관리한다는 인상을 주고, 품위 있는 처신과 군사적인 능력으로 존경심을 불러일으키고, 어떤 부하에게도 큰 권력을 맡기지 않음으로써 반란을 예방하고, 모욕적이고 폭력적인 행동으로 피치자들을 화나게 하지 않고, 국가를 구성하는 양대 축인 빈민과 부자들이 정체 유지에 관심을 쏟게 만드는 것이다. 이러한 방식을 통해 참주정체는 오래 보존될 뿐만 아니라 개선될 수 있다고 보았다(『정치학』 1313a18-1315a50).

아리스토텔레스는 참주정체의 변혁과 보존뿐만 아니라 '개선'에 대해서도 관심을 가졌다. 그는 과두정체와 참주정체가 대체로 단명했음에도 불구하고, 참주 역사상 100년이라는 가장 오래 지속된 참주정체가 존재했던 사례와 그 이유를 분석하였다. 그는 참주정체가 오래 유지된 배경은 참주들이 피치자들을 온건하게 다루고 대체로 법을 준수했기 때문이라고 평가하였다.

특히, 클레이스테네스라는 참주는 군인으로서의 탁월함으로 주위로부터 경멸받지 않았으며, 민중에 대한 배려로 호감을 샀다고 평가하였다. 반대로 군사적인 탁월함과 법에 대한 준수 및 민중에 대한 배려를 하지 못한 참주들은 대부분 단명했다고 평가하였다. 아리스토텔레스는 참주정체가 최악의 정체이기는 하지만 참주정의 보존과 개선에 대한 논의를 통해 참주가 군주처럼 보이거나 혼합정의 요소를 수용하여 조금이라도 더 최선의 정체에 다가서도록 하는 방향으로 참주들을 교육하고 설득하고자 하였다(『정치학』 1314 a29-1315a50).

마키아벨리 역시 아리스토텔레스와 마찬가지로 참주정이 최악의 정체라는 것을 부인하지 않으면서도 그것의 보존과 개선에 대한 논의를 통해 참주들이 군주정 또는 공화정적인 요소를 수용하도록 하는 참주교육을 포기하지 않았다.

그는 특히 『군주론』을 통해 비합법적인 방법으로 권력을 장악한 참주를 도덕적 차원이 아닌 현실적인 차원에서 군주로 인정하고 정당화해 주면서도 참주가 자신의 권력을 오랫동안 유지·보존하기 위해서는 귀족과 평민들에게 '기만'과 '술수'를 써서라도 군주처럼 보이거나 공화정적인 요소를 수용해야 한다고 설득하고자 하였다. 마키아벨리는 "군주는 모든 성품을 실제로 갖출 필요는 없지만, 갖춘 것처럼 보이는 것은 반드시 필요하다."라고 하였다(『군주론』 120).

또한 그는 참주는 군주처럼 보이기 위해 미움과 경멸을 받는 일을 피하면서 안전과 명성을 지키기 위해서는 인민과 군인들의 호감을 사기 위해 노력해야 한다고 권고하였다. 즉 "군주는 미움을 받는 일은 타인에게 넘기고 인기를 얻는 일은 자신이 친히 해야"하며, "귀족을 존중해야 하지만 인민의 미움을 사서는 안 된다."라고 강조하였다(『군주론』 151).

특히, 마키아벨리는 참주가 민중의 호감을 사기 위해서는 "재능(virtu)이 있는 자를 아끼고 어떤 기예 분야에서 뛰어난 자를 우대한다는 점을 보여 재능의 예우자임을 과시해야 한다."라고 했다. 더욱이 그는 "시민이 안심하고 상업, 농업 및 기타 분야에서 통상적인 생업에 종사하도록 권장해야" 하며 "일년 중 적절한 시기에 축제나 구경거리를 주선하여 인민들이 즐기도록 해야 한다."라고 제언하고 있다(『군주론』 151).

마키아벨리는 폭력 사용에 대해서도 폭력 그 자체를 반대하기보다는 자신의 생존과 공공선으로 이어지게 한 폭력은 정당하다고 보았다. 즉 자신의 생존을 위한 방어와 폭력을 통해 권력을 장악한 이후 타인과의 권력 분점이나 권력 이양과 같은 선한 행동이 이어져 결과적으로 공공선을 위해 그 폭력이 사용된 경우에는 어느 정도 불가피한 폭력으로서 정당성을 인정하였다.

그는 로마의 창건자인 로물루스가 자신의 동생과 협력자를 폭력적으로 죽였음에도 불구하고, 그가 즉각적으로 원로원을 창설하고 원로원과 협의하여 모든 것을 결정했던 것을 야심이 아니라 공공선을 위해 권력을 분점한 행동이라는 점에서 '불가피한 폭력'이 입증된 예로 평가하였다(『로마사 논고』 109).

### 3) 참주정의 이중성

티러니(tyranny)는 2001년 9·11 테러 이후 부시 정권과 네오콘들이 이른바 북한을 비롯한 불량국가들을, '폭정의 전초기지(outpost of tyranny)'로 명명해서 유명해졌다. 하지만 tyranny를 '폭정'으로 번역하기보다는 '참주정'으로 번역하여 그 의미의 이중성을 제대로 이해하고 사용하는 것이 중요하다.

왜냐하면 tyranny를 '폭정'으로 번역할지 아니면 '참주정'으로 번역할지에 따라 그 정체가 가지고 있는 '두 가지 정체성'에 대한 이해를 기반으로 한 대외관계의 행동방식 그리고 참주에 대한 개선과 교육방법이 달라질 수 있기 때문이다.

tyranny를 참주정이 가지고 있는 한 측면만을 지나치게 강조하여 폭정으로 번역하여 인식할 경우, 그 대처방식으로 부시 정권과 네오콘들이 했던 대로 '레짐 체인지'와 '민주주의 확산론' 같은 극단적인 방법이 나올 수밖에 없다. 하지만 이것을 참주정으로 번역하여 사용할 경우 강압적인 방식과 함께 좀 더 점진적이고 온건한 대처방법도 유연하게 사용할 수 있다(김동규 2007).

티러니는 통치자가 1인이라는 점에서는 군주정(kingship)과 마찬가지로 1인 통치체제인 것은 분명하다. 티러니는 군주정이 타락한 최악의 나쁜 정체로서 그 특성은 첫째, 공적 영역에 있는 다수의 시민이 동의하는 법과 공적인 목적을 위해 '정치적인 방식'으로 통치하는 것이 아니라 경쟁자를 없애는 과정처럼, 즉 사적인 가정경제 영역에서 주인인 가사 관리인이 노예를 억압적인 방식으로 지배하려는 경향을 갖는 것처럼, '가부장적인 전제정(despotism)'과 폭력(violence)의 행태를 내재화한다는 것이다.

둘째, 가부장적인 전제정에서 기인하는 여러 특성으로 '탈정치화(de-politicalization)'와 '사사화(privatization)' 그리고 '전체주의(totali-tarianism)'라는 행태를 만들어 시민들을 정치적인 능력을 가진 시민이 아니라 이것을 제거한 신민이거나 경제적인 노예 상태로 만들어 내는 경향을 갖는다(Arendt 1973; Arendt 1998; Boesche 1996; Lilla 2005; 김동규 2007).

하지만, 그리스와 로마의 정체 순환의 역사가 보여 준 것처럼, 모든 참주가 처음부터 난폭한 참주(정)로 시작하는 것은 아니다. 즉 역사적으로 보면 군주처럼 좋은 선정을 폈던 참주도 있고, 선정을 펴다가 폭정으로 전락한 경우도 있다.

참주정은 그리스사, 로마사, 그리고 독일사를 볼 때, 전기 참주와 후기 참주로 구분할 수 있다. 전기 참주는 대체로 귀족정에서 민주정으로 이행하는 과도기에 등장한 참주로서 귀족 중의 일부가 평민들의 지지를 등에 업고 귀족을 타도하여 권력을 잡고 그 지지를 유지하기 위해 친서민적인 포퓰리즘 정책을 펴다가 전제정으로 전락하거나 세습으로 물려받았다가 몰락한 참주들을 말한다.

이에 비해 후기 참주들은 대체로 민주정이 중우정으로 타락하는 과정에서 군사적 능력과 참주적 선동능력으로 권력을 찬탈하여 폭압적인 반서민정책을 추구하다가 몰락한 참주들을 말한다.

전기 참주의 대표적인 예로는 기원전 561년에 빈농층을 포함한 평민의 지지를 바탕으로 비합법적으로 정권을 장악하여 참주가 된, 아테네의 장군 페이시스트라토스(Peisistratos)가 있다.

페이시스트라토스는 민중에게 선정을 베푼 것으로 평가되고 있다. 그는 귀족을 추방하고, 상공업을 장려하고, 시민의 세금 부담을 감소시켰으며, 소농들에게 농사자금을 대부하는 등 농업을 장려하고 농민을 보호하는 정책을 폈다고 알려져 있다.

후기 참주로는 평민들의 지지를 받으면서 공화정을 폐지했던 줄리어스 시저가 있다. 그는 당시 귀족세력인 원로원의 권한을 약화시키고 하층민들을 위한 포퓰리즘정책—빚 탕감, 무료 곡물 제공, 공공사업으로 빈민과 실업자 구제 등—과 선동정치로 정치권력을 장악한 이후 1년 연임의 집정관을 폐지하고 종신총통제로 나아간 독재자이다.

또 다른 현대적인 후기 참주의 대표적인 예로 독일바이마르공화국에서 노동자와 민중의 결의로 선출되었다가 폭정으로 전락한 히틀러가 있다. 그는 선거를 통해 노동자의 절대적인 지지하에 전체주의국가를 수립하고 제국의 1인 독재자가 되었다(최윤희 2012; 곽준혁 2014).

그렇다면 참주정의 이중성은 무엇인가? 전기 참주와 후기 참주에서 보여 주는 것처럼 공통적으로 두 가지 성격이 있다. 첫째, 귀족정과 과두정에 반하는 '친민중적인 성격'이다. 즉 대체로 귀족정에서 민주정으로 이행하는 과도기에 민중과 평민들의 지지와 군사적 능력을 통해 비합법적인 방식, 무력을 통해 권력을 장악하는 과정에서 나오는 '민중의 지지와 환심'을 말한다. 이들은 민중의 지지와 환심을 사기 위해 귀족의 재산을 몰수하거나 몰수된 재산을 민중에게 나눠주는 시혜를 베푸는 등 경제적인 측면에서 많은 포퓰리즘적 정책을 동원한다.

둘째, 민중의 지지에 반하는 억압적이고 수탈적인 '폭정'의 성격이 있다. 대체로 참주들의 통치방식이 정통성(legitimacy), 합법성(legality), 시민적인 동의(consent), 권력의 제한(limitation)적인 통치에 의존하는 경우처럼, 군주정과 공화정적인 방법이기보다는 자의적이고 독단적인 카리스마 그리고 군사적인 폭력을 동원한다.

따라서 참주들은 정통성이 없다는 근본적인 한계 때문에 이를 대신하기 위해 경제적인 포퓰리즘정책을 통한 사업 성과의 극대화와 더불어 군사적 능력과 그 성과의 극대화에 의존하며 이것을 끊임없이 보여 줘야 한다는 중압감과 트라우마에 시달릴 수밖에 없다.

특히, 합법성과 정통성에 입각한 평등한 시민들의 통치가 결여된 상황에서 선대의 카리스마적 통치가 역경과 검증도 없이 세습될 경우 대체로 더욱 폭압적인 정체로 전락하거나 이에 대한 반발로 몰락했다. 정통성이 없는 참주정에서 세습은 참주정체가 가지는 근본적인 한계를 노출시킨다. 때문에, 참주들은 자신의 정적들과 반대자들을 제거하기 위하여 모든 가능한 폭력과 억압기제들을 동원하게 되면서, 점차 폭정으로 전락하다가 민중에 의해 타도되었다(『로마사 논고』 79-80; Boesche 1996, 1-8; 김동규 2007).

## 4. 북한 참주정의 보존과 미국에 의한 변혁 실패의 교훈

### 1) 북한 참주정의 보존방식과 전망

그렇다면 북한의 정체를 어떻게 봐야 할 것인가? 헌법에 나와 있는 북한의 정식 국호는 '조선민주주의인민공화국'이다. 만약 북한의 정체가 세습이 인정되는 군주정이 아니라 민주공화국이라 한다면, 3대 세습의 문제는 상식적으로 있을 수 없는 문제에 해당된다. 왜냐하면, 민주공화정의 특징은 다양성과 선거 경쟁이라는 민주적인 절차를 통해 리더십이 선출되고 운영되기 때문이다.

하지만 북한은 형식적으로만 민주공화국이고, 실질적인 내용으로는 민주적인 공화제를 운영하지 못하는, 그렇다고 군주국도 아니면서 군주국 같은 방식과 내용으로 운영되어, 형식과 내용이 불일치하는 딜레마에 빠져 있다. 즉 김일성, 김정일, 김정은은 북한 국호가 왕조가 아닌 공화국임에도 불구하고, 비합법적으로 권력을 획득하여 군주처럼 행동하는 딜레마에 빠져 있다.

북한은 국가 수장을 어떠한 방식으로 선출하거나 세습하겠다는 규정이 헌법이나 각종 법규 어디에도 정해져 있지 않다. 즉 북한의 정체가 군주정도 아니고 공화정도 아닌, 애매하면서 비합법적인 방식으로 권력을 장악하는 특성을 보인다는 점에서 참주정이라고 보는 것이 적실성이 있다.

김일성이 전기 참주의 경향이 컸다면, 세습을 통해 권력을 장악한 김정일은 전기 참주에서 후기 참주로 넘어가는 과도기의 모습을 보여 주었고, 현재 권력을 세습한 김정은은 점차 후기 참주의 모습을 보일 것으로 예측된다. 전기 참주의 카리스마는 후기 참주들에게 세습으로 전수되거나 유전되지 않기 때문에, 참주정에서의 세습문제는 극도의 불안정성을 동반할 수밖에 없다.

북한의 참주들은 세습 독재를 통해 참주정을 유지하고 보존하기 위해 여러 가지 수단을 가지고 있지만 반대자의 숙청, 그리고 민중에 대한 억압과 착취 및 기만과 탄압을 포함한 다음과 같은 핵심적인 방식을 사용하여 왔다는 것을 경험적으로 확인할 수 있다.

첫째, 민주공화정의 정체를 참주정체와 같은 것이라고 호도하는 정책을 편다는 점이다. 즉 공화국을 '가사관리인'으로서 1인 독재체제(가부장적인 전제정, despotism)와 같은 것이라는 이데올로기를 만들어 이것을 정당화하려 하고, 이에 반대하는 반대자들을 탄압한다.

이것은 북한 헌법에서 전문의 변화와 인민들의 생활을 규율하는 노동당 규약 전문의 변화 그리고 최근 유엔 인권보고서를 보면 그대로 드러난다. 1998년과 2009년에 추진된 북한의 개정 헌법에서는 헌법을 '김일성헌법'으로 그리고 2010년에 개정된 노동당 규약에서 노동당을 '김일성의 당'으로 규정하는 등 공화국을 사실상 김씨 일가의 소유물로 규정하고 있다(임필수 2010).

그리고 2014년 2월 17일 유엔 북한인권조사위원회(COI)는 북한의 인권 침해 상황에 대한 최종 보고서 및 권고안을 제네바에서 발표한 바 있다. COI 보고서는 '김씨 왕조' 3대에 걸친 수십 년간의 조직적 인권 탄압을 '반인도 범죄(crimes against humanity)'로 명시하고 있다. 또한 COI 보고서에는 공개 처형, 고문, 투옥, 성폭행, 강제 낙태, 외국인 납치, 특정 그룹 박해 등의 범죄 증거가 상세히 기록되어 있다. 더 나아가 반인도 범죄 중에서도 국제법상 최악의 범죄인 집단학살죄(genocide)의 적용 가능성을 시사하였다(이정훈 2014).

둘째, 가사관리인으로서 1인 독재체제가 작동하도록 인민들을 집단적으로 동원하고 착취하여 왔다는 점이다. 생산수단의 국유화를 기초로 하는 가사관리인으로서의 참주인 김일성 일가는 천리마운동, 청산리방법, 속도전, 3대혁명 소조운동 등 군중노선을 통해 집단적으로 노동력을 동원할 뿐 아니라, 효과적인 정치사회화를 도모함으로써 폐쇄적이고 억압적인 사회질서를 유지하는 수단으로 활용하였다.

셋째, 김일성 일가에 대한 맹목적인 충성을 강요하는 이데올로기 주입과 프로파간다를 통해 시민들의 말과 행위의 공간인 정치적 공론장을 빼앗고, 공화국의 주인인 인민을 참주를 모시는 경제적인 노예로 만들었다. 즉 북한의 참주들은 '5호담당제'와 같은 방식으로 개인이 가진 정치적 자율성을 빼앗은 결과, '탈정치화'와 '사사화(privatization)' 및 집단동원주의를 양산하여 전체 인민들이 한 명의 참주에 충성하는, 기계처럼 움직이는 '전체주의(totalitarianism)'를 주조하였다.

북한 사회에서 반복적으로 주입되는 이데올로기, 집단주의, 전체주의는 주체사상으로 체계화되어 있으며, 주체사상은 김일성·김정일 부자에 대한 끊임없는 충성을 요구함으로써 북한 주민의 생활을 통제하는 이념적 도구로 사용되고 있다. 주체사상은 수령-당-인민대중이라는 위계적인 관계를 정당화하여 수령과 '인민'을 상명하복의 관계로 만들어 북한 주민들로 하여금 수령에 대하여 무조건적으로 복종할 것을 요구하고 있다.

김정은은 김정일이 시도했던 선군정치와 핵 개발 노선을 계승하고 있음에도 불구하고 참주정 그 자체에서 기인하는 불안정성을 제거할 수 있을까? 김정은은 끊임없이 제기되는 정통성 문제에 시달리기 때문에 이 문제를 김일성과 김정일이 했던 군사적인 카리스마에 의존하고, 그것을 과장하여 보여 줌으로써 돌파하려고 할 것이라는 예측이 가능하다. 즉 김정은도 김일성, 김정일과 같이 군사적인 능력과 경제적인 포퓰리즘 동원능력으로 카리스마가 있다는 것을 보여 줄 수밖에 없을 것이다.

하지만, 북한 경제가 이미 극도로 어렵다는 점에서 경제적인 포퓰리즘정책이 작동하기 어렵다. 따라서 김정은이 끝까지 붙잡으려고 하는 것은 군사적인 영역이 될 것이다. 그는 끊임없이 노출되는 미국의 체제 위협 속에서 핵무기 개발과 벼랑 끝 전술을 통해 저항하는 모습으로 자신의 군사적인 카리스마를 인정받고 싶어 할 것으로 보인다. 그러나 그는 아직 어리고, 김일성이나 김정일과는 다르게 어느 하나도 검증받지 못했다.

최근 북한에서 수천 개의 경수로를 공개하여 제3차 핵 위기를 조성하고, 연평도를 포격한 것도 김정은의 군사적 카리스마에 힘을 실어주기 위한 대외적 퍼포먼스로 볼 수 있을 것이다. 특히, 장성택 처형 사건도 3

대 참주체제의 불안정성을 극복하기 위한 특단의 조치임에도 근본적인 참주체제의 불안정성은 가시지 않을 것으로 보인다.

이러한 3대 참주체제의 불안정은 더 많은 그리고 더 극단적인 군사적 퍼포먼스로 등장할 가능성이 크다는 점에서 한반도의 긴장은 그 어느 때보다 더 극한 상황으로 몰릴 가능성이 크다.

### 2) 미국의 레짐 체인지론과 교훈

아리스토텔레스에 의하면, 참주정은 자신과 경쟁하거나 참주정을 반대하고 외부 다른 이념을 지향하는 군주정과 민주정의 압박에 의해서 또는 통치자의 내부 분열에 의해서 변혁될 수 있다(『정치학』 1312a39-1312b17).

이러한 전망을 북한에 적용해 볼 때, 민주주의와 민주공화국의 모체인 미국 부시 정권이 시도한 북한 변혁을 검토해 볼 필요가 있다. 2001년 9·11 테러 이후 미국의 부시 대통령과 네오콘들은 북한을 '폭정의 전초기지(outpost of tyranny)' 혹은 '불량정권(rouge regime)'으로 규정하고, '레짐 체인지(regime change)'와 '민주주의의 확산론'을 추구하였다.

목적 달성을 위해서 군사적인 선제 공격과 물리적 압박도 정당화하였다. 하지만 부시 대통령과 네오콘들의 아이디어는 그들의 독단적인 의도와 행동양식으로 인해 전 세계적인 반미주의 흐름 속에서 일방주의(unilateralism)와 패권주의(hegemony)로 받아들여졌으며, 결국 전 세계에 불어닥친 반미주의와 반전 여론 앞에서 실패하고 결국 실각하고 말았다.

이렇듯 레짐 체인지론 등이 확산되는 과정에서 역설적으로 북한은 사실상 대미(對美) 대항력으로서 핵무기 개발능력을 보유하게 되었다. 특히, 폭정의 전초기지, 불량정권, 레짐 체인지, 민주주의의 확산 등에서 드러난 부시 정권의 일방주의와 패권주의는 북한이 자신의 체제 위협에 대한 효과적이고도 극단적인 방법으로 핵무기를 만들어 저항하도록 하는 상호 불신의 작용 속에서 '구성주의'적인 메커니즘과 명분을 작동하게 만들었다.

즉 이러한 상호 불신의 작용들은 북한의 핵무기 개발과 보유의 목적이 초기 미국의 위협 속에서 '방어용'과 관계 개선을 위한 '협상용 카드'에서 점차 미국을 향한 '공격용'으로 어떻게 현실화되었는가를 잘 보여준다. 즉 부시 정권과 네오콘들은 레짐 체인지론을 통해 북한 정권을 붕괴시키려고 하였으나, 결과적으로 이것에 실패하는 한편 북한이 핵무기를 보유하는 것을 막지 못하였다(서보혁 2003).

그렇다면 왜 부시 정권과 네오콘들은 북한체제의 변혁에 실패했을까? 여러 가지 이유가 있겠지만, 폭정의 전초기지, 불량정권, 레짐 체인지에서 드러나고 있듯이, 핵심적인 원인은 선과 악의 이분법적인 구도하에서 자신만이 절대적인 선으로서 절대적인 악을 멸망시켜야 한다는 식의 독단적인 인식과 행동들에서 기인한다.

즉, 이러한 인식과 행동들은 일방적이고 자의적인 측면이 강하다는 점에서 다양성, 다원성, 대화와 타협, 숙의 등과 같은 민주적인 가치를 생활 속에서 그리고 '마음의 습속(habit of mind)'으로 발전시켜 온 민주공화국의 모국인 미국의 가치들과 충돌하는 것이기도 하다.

특히, 민주주의 확산론은 은연중에 '민주 대 반민주 구도'를 형성하고, 민주주의와 민주정을 추상화하고 신비화시킴으로써 다른 정체보다도 과도하게 우월한 체제라는 이데올로기를 양산하고 주입한다. 또한 아랍 국가, 이슬람 국가, 아프리카 국가, 아시아 국가들에서 채택하고 있는 군주정이나 입헌군주정과 같은 다른 정체의 특성을 과도하게 폄하하거나 격하시킴으로써 다른 정체를 무시하거나 다른 정체와의 비교 논의를 할 수 없도록 하는 독단주의적 오류에 빠지게 된다.

하지만 플라톤, 아리스토텔레스, 폴리비오스, 마키아벨리 등이 연구하고 설명해 온 정체는 무려 7가지나 된다. 민주정이라는 정체는 7개 중 하나에 불과하다. 특히, 정체순환론에 따라 성찰적 대안으로 제시되었던 '혼합정(polity)'과 '공화정(republic)'의 관점에서 볼 때, 민주정체(democracy)는 다수의 시민이 통치한다는 측면에서 갖는 긍정적 의의에도 불구하고, 한계가 많은 불안정한 정체임에 틀림이 없다.

특히, 혼합정과 공화정의 관점에서 볼 때, 민주정체는 중우정과 포퓰리즘에 빠질 가능성 그리고 그것이 만연할 때 참주정의 등장 가능성을 예고한다는 점에서 다른 군주정, 귀족정과 마찬가지로 여전히 '불안정한 체제'라는 것을 알 수 있다.

1987년을 기점으로 민주화를 시작한 지 30년이 넘어가는 시점에서 어느 정도 절차적 민주화가 정착된 우리나라 역시도, 최장집 교수 등이 담론화를 하여 제기한 '민주화 이후 민주주의'라는 화두처럼 지나치게

'민주 대 반민주 구도' 혹은 '노동이 없는 민주주의와 노동이 있는 민주주의'라는 시각으로 민주주의만을 절대적인 기준으로 삼아 이것을 최고의 선(善)으로 신비화하거나 추상화하는 경향이 있다.

이러한 시각과 경향에서는 민주화 이후 민주정이 중우정으로 타락하고, 중우정 속에서는 참주정이 득세할 가능성이 있다는 것을 놓치는 오류를 범할 수 있다. 특히, 민주화 이후 상황에서 반복되는 민주 대 반민주 혹은 보수 대 진보 구도는 여러 모로 낡은 구도에 해당될 수 있다(김경희 2007; 이동수 2007).

미국적인 민주주의 정체가 우월하다고 해서, 민주정체가 아닌 상대국들에 대하여 이분법적으로 선과 악의 구도를 만들어 놓고, 일방적으로 미국과 같은 정체로 바꿀 것을 강요하거나 바꾸겠다고 압박하는 것은 민주적인 가치와 대립하는 '폭력'과 같은 것으로서, 민주공화국의 모국인 미국의 민주적인 가치나 혼합정체성과 부합할 수 없는 것들이다.

그러한 것은 오히려 부자들만의 이익을 대변하는 극단적인 과두정체나 빈자들의 이익을 대변하는 극단적인 민주정체 그리고 앞에서 언급한 두 정체들이 타락하는 과정에서 등장한 참주정체에나 더 어울리는 행태라고 할 수 있다.

결과적으로 부시 정권과 네오콘들의 북한 정체에 대한 인식과 행동들은 민주공화국의 모국인 미국에서도 9·11 테러와 같은 매우 극한 상황 속에서 극단적인 과두정체 혹은 민주정체 혹은 참주정체에 부합하는 행태들이 언제든지 등장할 수 있다는 가능성을 보여 주었다. 이것은 유럽에서 가장 발전한 민주공화국인 독일바이마르공화국에서 어떻게 히틀러 같은 대중선동가가 '민중의 결의'를 통해 참주로 등극하여 공화국을 해체하고 1인 독재체제를 구축하게 되었는지 설명하는 데에도 도움이 된다.

마찬가지로 한국 헌정사에서도 민주적인 정체에서 출발한 이승만 정권이 어떻게 독재로 타락하고 민주당 과두정체가 위기에 빠졌는지 그리고 민주당의 과두정체제가 어떻게 박정희 정권에 의해 붕괴되어 참주정으로 전락할 수 있었는지 그리고 박정희 참주정이 어떻게 전두환, 노태우 같은 참주들에 의해 재편되는지를 설명하는 데 도움을 준다.

특히, 이러한 정체의 순환들은 미국 부시 정권의 행태에서 드러난 것처럼, 민주화가 어느 정도 정착된 민주화 이후 한국에서도 새로운 형태의 참주가 등장할 수 있다는 가능성을 보여 주었다는 점에서 많은 시사점을 주고 있다.

## 5. 소결: 북한 참주정 개선에 대한 한국 정체의 대처 방안

그렇다면 민주공화국인 한국 정체는 북한 정체에 대해 어떠한 시각과 태도로 임해야 하는 것일까? 그것은 앞 절에서 논의한 바와 같이, 북한 참주정이 가지고 있는 이중성(친민중성, 반민중성)을 이해하면서도 민주정을 완벽한 체제라고 미화하는 관점에서 벗어나 혼합정 성격을 갖는 민주공화정의 정체를 복원하는 관점에서 대처하는 것이 필요하다.

이를 위해서는 첫째, 혼합정으로서 민주공화정의 성격을 제대로 이해해야 한다. 특히, 민주공화정이라는 정체가 탄생된 배경에는 민주정이 극단적인 중우정과 참주정으로 타락할 수 있다는 가정이 깔려 있다는 것을 이해하는 것이 필요하다. 즉 민주정을 완벽한 절대 선의 우월한 체제라고 미화하는 관점에서 벗어나 참주정보다 우수하지만 공화정보다는 여전히 '불안정한 체제'라는 것을 이해할 필요가 있다.

따라서 북한이 민주정을 수용하든가 아니면 붕괴하든가 둘 중 하나를 선택하라는 식의 이분법적인 구도 즉 현실에선 북한붕괴론, 북한압박론을 강요하는 것을 피해야 한다. 피하지 않을 경우, 미국 부시 정권의 실패 전철을 반복할 수밖에 없다.

둘째, 민주정이 완벽한 절대 선의 체제라고 미화하는 관점에서 벗어나 좀 더 안정적인 정체인 혼합정체로서 민주공화정을 이해한다면, 민주 대 비민주 혹은 진보 대 보수의 대립 구도에서 오는 극단적인 시각을 비판하고 해소할 필요가 있다. 특히, 민주 대 반민주 구도하에서 벌어졌던 박정희 정권이 가지는 이중성의 문제와 대북한 적대정책에 대한 평가를 정체순환론의 관점에서 즉, 균형적이고 종합적인 시각에서 재평가하고 해석할 필요가 있다. 그 내용을 정리하면 다음과 같다.

첫째, 참주의 출현에 있어서 모든 책임을 박정희 정권에게만 돌릴 수 없다는 것이다. 우선 참주정체가 출현하는 배경에는 이승만 정권에 이어 출현한 민주당 정권이 과두정체로의 타락과 중우정으로의 타락을 개선하는 데 실패했다는 점을 이해할 필요가 있다.

둘째, 과두정체와 중우정체로의 타락 과정에서 박정희 세력이 쿠데타를 동원하여 과두정과 극단적인 민주정을 폭력으로 해체하고 자신의 반대자들을 폭압적인 방법으로 다루었다는 점을 이해할 필요가 있다. 더불어 정권의 정통성을 만회하기 위하여 경제 개발, 새마을운동, 부패 청산 등 경제사회적인 포퓰리즘정책을 동원하거나 반공주의를 내세워 군사적인 능력을 통해 민중의 지지와 환심을 사기 위해 어떻게, 얼마나 노력했고, 그 노력이 얼마나 성공했는지를 이해할 필요가 있다(신철희 2009).

셋째, 혼합정체로서의 민주공화정이라는 관점에서 북한체제의 불안정성의 원인이 참주정 그 자체의 성격에서 기인하는 것으로 이해하는 것이 필요하다. 북한체제의 불안정성은 어디에서 오는가? 미국의 위협이 외부조건이라면, 이 외부조건도 그것을 받아들이는 면역체계가 더욱 허약하기 때문에 발생한다는 점에서 불안정성은 상당 부분 참주정이라는 정체 그 자체로부터 기인한다.

넷째, 그렇다면 북한 참주정을 개선할 수 있는 방법은 무엇인가? 여러 선택지 중에서 다음의 것들은 제외할 필요가 있다. 즉 앞에서 언급했듯이, 적어도 부시 정권과 네오콘들이 했던 레짐 체인지와 민주주의 확산론 같은 강압적 방법은 피해야 한다. 왜냐하면 그것이 북한의 폭정을 더욱 강화시키고 자극할 뿐만 아니라 북한의 붕괴를 실질적으로 방해하는 중국이라는 강력한 지원 국가가 존재하므로 현실성이 떨어지기 때문이다.

그렇다면, 군사적 행동을 통한 강압적인 방법을 제외하고 나면 남는 선택지는 '현상 유지'와 '점진적인 개선안' 밖에 없다. 현상을 유지하는 안 역시 대안이라고 볼 수 없다. 그렇다면 점진적인 개선안이 최선일 수밖에 없다. 점진적인 개선 방법이란 노예제에 대한 링컨의 태도와 같은 관점을 의미한다. 링컨은 노예제를 찬성하는 시각과 수천 년간 이어 온 노예제를 단번에 근본적으로 폐지하겠다는 시각을 모두 피하고 온건하고도 점진적인 개선안을 선택했다.

마찬가지로 이러한 원리를 적용해 보면, 참주정을 찬성하는 사람들이나 참주정을 단숨에 근본적으로 혁파하겠다는 사람들 모두와 거리를 둘 필요가 있다. 그렇다면 어떻게 하자는 말인가? 양다리를 걸칠 수밖에 없다. 참주정의 이중성을 이해하고, 그 체제의 의의와 한계를 직시하는 것이다. 이것은 마치 박정희 참주정체제의 의의와 한계를 '민주정'의 관점이 아닌 '공화정(혼합정)의 관점'에서 재해석하는 것과 같은 일이다.

즉, 참주정의 친민중성(특히, 전기 참주의 경우)은 매우 작지만 귀족정에서 민주정으로 가는 과도기(이행기)에 등장한 체제로서, 평민들의 지지 속에 귀족들을 타파하고, 친민중적인 정책을 편 측면이 있다.

하지만 참주정의 다른 측면으로 민중의 지지가 없는 폭정을 한계로 들 수 있다. 정통성과 적법성 없이 카리스마에 의존하고 군사적인 능력으로 자신의 반대자들과 시민들을 억압하면서 장기 독재의 문제를 해결하지 못하고 폭정으로 전락했다고 평가하는 것처럼 이해되는 측면이다.

이러한 참주정의 이중성을 이해하는 가운데 한국의 참주 중에 경제문제를 어느 정도 해결하여 그 동력으로 민중의 지지를 받으면서 권력을 유지한 이가 박정희 참주라는 것을 깊이 인식할 필요가 있다. 박정희는 '경제적 개발독재모델'을 창시하여 경제 발전이라는 사업 성과를 통해 자신의 정통성 문제를 만회하고자 하였다. 그러나 그 역시 권력을 장기화하려다 폭정으로 전락했다.

북한의 3대 참주인 김정은은 지금 매우 불안하다. 그는 적국인 미국과 한국으로부터 자신의 카리스마를 인정받고 싶어 한다. 그런데 참주들이 태생적으로 가지고 있는 불안과 트라우마라는 증상은 시간이 갈수록 더욱 심해질 것이고, 잘못하다간 주변국과 극단적인 동반자살을 꿈꿀 수도 있다.

둘째, 만약 우리가 참주정의 이중성에서 나오는 의의와 한계를 정체 순환론과 공화정의 관점에서 직시할 수 있다면, 참주정이 폭정이 아니라 친민중성(인간 안보와 인권)이 강화되는 쪽으로, 즉 군주정과 혼합정인 공화정으로 나아가도록 일종의 참주 교육을 하고, 참주 교육의 내용을 지원하고 협력할 필요가 있다(신철희 2009).

참주 교육의 방향은 참주가 자신의 정체를 오랫동안 보존하기 위해서는 군사적인 카리스마가 아니라 '정치경제적인 카리스마'와 '인권 보장'을 동원하거나 그렇게 보여야 한다고 설득하고 협력하는 내용이 되어야 한다.

이것은 민주공화정이라는 정체가 처음부터 단시간에 등장하지 못한 것처럼, 참주정은 귀족정에서 민주정으로 가는 과도기에 등장하였으며, 민주정이 중우정으로 타락하는 과정에서 참주정이 또 등장했다는 순환론적인 관점과 이행론적 관점에서 참주정에서 민주정으로 가는 이행기를 적극 지원하고 협력해야 하는 것이 합법칙적이라는 의미이다.

이것은 마치, 박정희 참주의 등장에 따른 결과로 한국 경제가 어느 정도 성장하고, 그 결과로 중산층이 성장하여, 이 중산층이 다시 참주정체를 변혁하는 민주화의 밑거름이 된 것과 같은 이치이다.

북한의 군사적인 카리스마를 정치경제적인 카리스마로 이행하도록 돕는 문제는 많은 한계에도 불구하고, 북한의 참주정체를 민주정으로 이행하도록 하는 체제 전환의 조건들을 내생적으로 돕는다는 점에서, 부시 정권과 네오콘들이 사용했던 압박 방법과 현행 참주정체를 더욱 강고하게 하는 현상 유지 정책보다는 더 적실성이 크다고 볼 수 있다.

특히, 이것은 다음과 같은 현실적인 전망을 제공한다. 즉 중국을 비롯한 소련과 베트남이 공산주의에서 사회주의 시장경제체제로 이행한 것은 군사적인 참주정체에서 경제적인 참주정체로 이행한 것이고, 이는 다시 민주정과 혼합정으로 이행해 나갈 것이라는 전망이다.

중국이 개혁과 개방을 선택하는 과정에서 중국 공산당 원로들의 자식들로 대표되는 태자당과 공산청년단의 동맹세력이 경제적인 참주로 역할을 하였고, 소련에서는 KGB 등 권력 중추들이 경제마피아(경제참주)로 변신하였으며, 베트남에서는 베트남 권력 중추와 호찌민 대학 출신들이 경제참주의 역할을 하였음을 인식할 필요가 있다. 북한에서도 햇볕정책, 남북경협, 북중경협 그리고 유라시아대륙 경제권 형성 프로젝트를 통하여 선군정치세력들이 경제참주로 변신하도록 적극 도울 필요가 있다(임진철 2010).

이런 점에서 박정희 참주의 경제개발모델, 즉 '개발독재'를 적극적으로 북한에 소개할 필요가 있다. 개발독재는 개발도상국에서 개발이라는 이름으로 행해지는 독재를 말한다. 개발독재는 경제 발전과 국가 번영을 앞세워 국민의 자유와 권리를 일정 정도 제한하고 유보하면서 산업화와 근대화 목표를 추진해 나가는 독재체제로 한국, 대만, 싱가포르, 말레이시아 등 아시아 국가들에서 일반적인 선례를 남긴 모델이다.

이러한 개발독재는 정체의 순환론과 이행론의 관점에서 보면 '필요악'이라고 할 수 있다. 북한체제는 궁극적으로 인류의 문명사적 규범에 부응하는 체제로 전환되어야 하지만, 경제문제 해결과 인민 삶을 실질적으로 개선시킬 수 있는 '개발을 위한 독재'는 '잠정적'으로 용인될 필요가 있다(McCarthy 2006; 조민 2011). 따라서 북한의 '인간 안보'와 '인권 개선'은 정부 차원이 아닌 민간과 NGO를 통해 간접적인 방식과 점진적인 접근으로 진행되어야 할 것이다.

# • 참고문헌 •


곽준혁. 2014.『마키아벨리 다시 읽기』서울: 민음사.

김경희. 2007. "서구 민주공화주의의 기원과 전개: 아테네에서 르네상스에 이르는 민주와 공화의 변증법."『정신문화연구』제30권 제1호(통권 106호). pp.113-139.

김동규. 2007. "북한의 '공화국' 이념과 현실, 그리고 카리스마 문제: 북한연구에 있어서 정 치평론의 역할."『현대사회와 정치평론』제1권. pp.179-192.

김정은. 2014. "北, '통일 대박론'은 '급변사태 바라는 흡수통일 망상'." 연합뉴스(1.20.).

매디슨, 제임스 외. 김동영 역. 1995.『페더랄리스트 페이퍼』서울: 한울아카데미.

서보혁. 2003. "제네바합의 이후 북·미관계 개선 실패 원인: 정체성 정치의 부메랑 효과."『통일정책연구』제12권 제1호. pp.219-241.

신철희. 2009. "박정희, 경제발전, 그리고 정치철학."『정치와 평론』제5집. pp.201-208.

양원권. 2014. "통일은 대박? 기업들 통일대비 투자 현실은…." 머니투데이(1.15.).

이귀원. 2014. "〈대정부질문〉'통일대박론'·北인권 신경전." 연합뉴스(1.10.).

이동수. 2007. "민주화 이후 공화민주주의의 재발견."『동양정치사상사』제6권 제2호. pp.5-25.

이정훈. 2011. "유엔의 북한 인권보고서 의미." 중앙일보 시론(2. 26.).

이지은. 2014. "북한 급변 사태 붕괴 가능성 〈한겨레21〉 전문가 설문조사." 〈한겨레21〉 제997호(2.10.).

임진철. 2010. "북한문제는 정치군사참주체제에서 경제참주체제에로의 이행론으로!" (12.5.).

임필수. 2010. "북한 당 대표자회의 분석과 북한 사회의 전망: 북한 수령제 사회주의의 미래는?"『사회운동』통권97호(11/12월). pp.77-98.

정경희. 2001.『중도의 정치: 미국 헌법제정사』서울: 서울대학교출판부.

조민. 2011. "'포스트-김정일'체제의 정권진화와 개발독재체제: 수령독재체제에서 개발독재체제로 나아가야." 통일정책연구원 온라인시리즈(CO. 11-36).

최윤희. 2012. 〈고대 그리스 역사 pdf〉. http://blog.daum.net/coreapq.

토크빌, 알렉시스 드. 임효선·박지동 역. 1997.『미국의 민주주의 I』서울: 한길사.

Arendt, Hannah. 1973. *The Origins of Totalitarianism*. New York: Harcourt Brace.

Arendt, Hannah. 1998. *The Human Condition*. Chicago: The University of Chicago Press.

Aristoteles. 천병희 역. 2009.『정치학』서울: 숲.

Boesche, Roger. 1996. *Theories of Tyranny: From Plato to Arendt*. University Park, Penn: The Pennsylvania State University Press.

Finley, M. I./이용찬 역. 1991.『그리스의 역사가들』서울: 대원사.

ISAAC, CHOTINER. 2013. "The New Republic: Q&A: The Top North Korean Expert Explains What Happened to Kim Jong Un's Uncle." *The New Republic*. (12.16.)

Lilla, Mark. 2005. "The New Age of Tyranny." *Confronting Tyranny Ancient Lessons for Global Politics*. Koivukoski, T., & Tabachnick, D. E. Lanham, Md: Rowan & Littlefield.

Machiavelli, Niccolo. 강정인·김경희 역. 2008.『군주론』서울: 까치.

Machiavelli, Niccolo. 강정인·안선재 역. 2009.『로마사 논고』파주: 한길사.

McCarthy, Stephen. 2006. *The Political Theory of Tyranny in Singapore and Burma: Aristotle and the rhetoric of benevolent despotism*. Abingdon. Oxford: Routledge.

Plato. 김태경 역. 2000.『정치가』파주: 한길사.

Tarcov, Nathan. 2005. "Tyranny from Plato to Locke." in *Confronting Tyranny, Ancient Lessons for Global Politics*. Toivo Koivukoski & David Edward Tabachnick eds. Lanham: Rowman & Littlefield.

제2장

# 통진당,
# 이석기 노선과의 차이

## 1. 민주주의 수호인가? 민주주의 위기인가?

2014년 12월 19일 통합진보당 해산 판결이 있었다. 헌법재판소는 헌정 사상 최초로 위헌정당해산제도를 통해 통합진보당을 해산시켰다. 이 판결은 많은 정당연구자들에게 '정당의 보호'와 함께 '정당의 해산'을 그리고 '민주주의의 의의'와 함께 '민주주의의 한계'에 대해서도 균형적으로 연구하도록 하는 계기가 되었다.

이 판결을 놓고 보수 진영과 진보 진영은 이념 논쟁과 진영 갈등을 벌였다. 진영논리로 통합진보당 해산을 보면 다음과 같은 두 논리가 성립된다. 하나는 보수논리로서, 통합진보당 해산은 종북좌파정당 해산이며 이것은 곧 민주주의의 수호와 같다는 것이다. 반면에 진보논리의 입장에서 통합진보당 해산은 보수우파정권에 의한 진보정당 탄압이자 민주주의의 위기이며 이것은 민주주의를 부정하는 독재와 같다는 것이다.

헌법재판소의 판결에 대해 통합진보당 이정희 대표는 "박근혜 대통령은 독재자 박정희 전 대통령의 유신망령을 불러들여 이 땅의 민주주의를 압살하고 정의를 난도질하고 있다."라고 비판했다. 새정치민주연합은 "헌법재판소의 판결에 대해 무겁게 받아들인다. 그러나 민주주의의 기초인 정당의 자유가 훼손된 것을 심각하게 우려한다."라는 입장을 밝혔다. 정의당은 "이번 판결은 민주주의에 대한 중대한 도전으로 강력히 규탄한다."라고 했다.

하지만 새누리당은 "우리는 헌법재판소의 선고를 존중해야 한다. 헌법이념과 자유민주주의적 기본 질서를 파괴하려는 어떠한 정당이나 정치세력도 용납하지 않을 것이다."라는 입장을 밝혔다. 한편 진보적 시민단체인 참여연대는 "통합진보당의 목적과 활동이 민주적 기본 질서에 위배한다고 본 헌법재판관들의 관점은 동의할 수 없는 폭력"이라는 입장을 표명하였다.

또한 진보학자인 최장집 교수는 "헌재 재판관들이 이해하는 민주주의란, 반공주의를 벗어나면 안 된다는 이념적 경직성과 아울러 자유시장적 자본주의 경제 질서를 따르지 않으면 안 되는 닫힌 정치체제론의 특징을 갖는 것"이라고 하면서 통합진보당 해산 결정이 민주주의 발전에 부합하지 않는 결정이라고 비판하였다(최장집 2015)[1].

1. 최장집. 2015. "한국의 헌법재판소와 민주주의: 헌재의 정당 해산 결정에 대한 하나의 비판." (1. 15.). http://openlectures.naver.com/contents?contentsId=79421&rid=253(검색일: 2015년 4월 13일).

실정법은 이미 통합진보당 해산을 판결했지만, 이론적인 영역에서 논쟁은 계속되고 있다. 이번 판결의 의미에 대해서 진영논리에 설수록 합의가 어려운 상황이다. 하지만 진영논리를 벗어나 이번 판결을 평가하는 기준에 대한 공감대가 부족하다. 더욱이 위헌심판의 대상이 되는 통합진보당의 목표와 활동이 민주적 기본 질서에 반하는 것인지 여부에 대한 판단 역시 국가정체성에 대한 이해와 관련되어 있기 때문에 쉽지 않다.

민주공화국이라는 국호에서 앞쪽 '민주(democracy)'의 관점(민주주의적 시각)에서 판단할 것인지, 아니면 뒤쪽 '공화(republic)'의 관점(공화주의적 시각)에서 판단할 것인지 간단치가 않다. 그리고 통합진보당이 초래한 국가 위기와 해악에 대한 실체적 위험성에 대해서도 앞쪽과 뒤쪽 어느 쪽을 선택하느냐에 따라 인식이 달라진다.

즉 헌법재판소를 존중하는 시각에서, '민주적 기본 질서'를 파괴하려는 적대세력으로부터 '민주주의를 수호하기 위한 공화주의적 방어조치(공화주의적 시각)'로 판단해야 하는 것인지, 아니면 그 반대의 시각에서 '민주주의의 위기(민주주의적 시각)'로 판단해야 하는 것인지 선택은 쉽지 않은 일이다.

결국 정당의 해산과 위기의 본질에 대한 인식 차이 그리고 법 적용의 적절성에 대한 인식 차이와 관련되어 있다는 점에서 이론적 패러다임의 문제가 분명하게 밝혀지지 않는다면 그 인식 차이와 갈등은 좁혀질 수 없을 것이다. 또한 진영논리에서 벗어나 통합진보당의 위헌성을 둘러싼 갈등의 실체에 대해 깊이 이해하고, 그 갈등을 좁히기 위한 진지한 노력이 수반되어야만 갈등과 인식 차이를 해소할 수 있을 것이다.

특히, 위헌심판 대상인 정당이 좌파인지 우파인지, 진보인지 보수인지를 판단하는 진영논리적 시각이 아니라 민주적 기본 질서에 위배되는지 여부를 더 중요하게 판단해야 할 것이다.

이를 위해서는 민주공화국(republic)이 민주국(democracy)과 어떻게 다른 것인지에 대해 그리고 '민주적 기본 질서(basic order of democracy)'를 보는 공화주의자와 민주주의자 간에 차이를 드러내 놓고 진지하게 토론하는 것이 필요하다.

통합진보당 해산 판결을 놓고, 진보와 보수가 갈등하는 이유에는 여러 가지가 있지만 이론적 패러다임의 문제로 볼 때, 세 가지로 설정될 수 있다.

첫째는 대한민국의 정체인 민주공화국의 법적 표현 민주적 기본 질서에 대한 인식 차이에 기인한 것이다. 민주공화국이라는 정체가 영명으로 'republic'이지만 민주의 관점(민주주의)에서 민주적 기본 질서를 이해하는 시각과 공화의 관점(공화주의)으로 민주적 기본 질서를 이해하는 시각의 차이는 클 수밖에 없다.

즉 한국이 오랫동안 권위주의적 정치 경험을 가지고 있는 만큼, 민주화가 된 지 30년이 넘었어도 그동안 담론지형으로 구축되었던 선악의 이분법적 구도인 민주 대 반민주 구도 혹은 진보 대 보수 구도에 익숙한 사람들은 민주적 기본 질서를 민주공화국이 아니라 민주국과 같은 정체로 이해할 가능성이 크다.

둘째는 우리의 민주적 기본 질서가 민주공화국의 핵심 가치로서, 북한식 사회주의 독재체제(이른바 tyranny)와 일치하지 않고 충돌함에도, 민주와 진보는 곧 선(善), 반민주와 보수는 곧 악(惡)이라는 이분법 구도에 빠져 있는 사람들은 북한식 사회주의체제를 추종하는 통합진보당의 주도세력이 추구하는 국가정체성이 민주국이나 민주공화국과도 충돌한다는 것을 분명하게 인식하지 못할 가능성도 있다는 점이다.

셋째는 민주적 기본 질서에 대한 시각 차이가 없더라도 헌법재판소의 정당해산재판과 대법원의 이석기 내란죄 혐의를 다루는 형사재판 간의 법리적 상호모순성 때문에 인식 차이가 발생할 수 있다는 점이다.

설령 민주적 기본 질서에 대해 인식 차이가 없더라도 과연 대법원에서 진행 중인 형사재판인 이석기 내란음모사건과 'RO'의 실체가 최종적으로 판단되지 않은 상황에서 헌법재판소가 헌법재판을 통해 통합진보당을 민주적 기본 질서를 침해하는 위헌정당이라는 결정을 내리는 것이 정당할 수 있는가 하는 점이다.

이 글은 통합진보당 해산 판결을 놓고 드러난 진영 갈등의 배경에는 진영논리 외에 대한민국의 정체인 민주공화국의 헌법적 표현인 민주적 기본 질서를 보는 민주주의적 시각과 공화주의적 시각 간에 인식 차이를 보여 준 갈등이 내재되어 있을 수 있다는 점을 드러내고자 한다.

또한 이 글은 이러한 인식 차이를 해소하기 위해서 그동안 이론적으로 세밀하게 논의되지 않았던 주제, 즉 민주공화국이 민주국이나 티러니(tyranny)와 다른 체제이면서도 민주공화국이 다른 두 정체보다 우월한 정체라는 것을 문제제기하고, 그러한 관점의 예인 독일의 위헌정당 해산 판결과 통합진보당의 판결을 비교 분석하여 제대로 된 인식을 공유하는 것이 시급함을 강조하고자 한다.

왜냐하면 통합진보당 해산 판결을 민주국과 티러니가 아닌 민주공화국의 관점에서 위헌정당으로 해산된 독일의 경험(사회주의제국당, 공산당 해산)을 놓고, 통합진보당의 사례를 비교하여 설명했더라면 이 같은 시각 차이에서 오는 갈등은 크게 줄어들었을 것이기 때문이다.

따라서 이 글의 목적은 통합진보당의 해산을 민주주의의 위기가 아니라 정당민주주의를 수호하기 위한 공화주의적 방어조치로 이해하고자 하는 데 있다. 이러한 목적은 민주적 기본 질서를 수호하기 위한 공화주의적 관점에 따라 독일의 위헌정당 해산 사례(사회주의제국당, 공산당)를 소개하고, 이것을 통합진보당 해산 판결과 비교 분석하여 이론적 시사점을 찾아낼 수 있다면 자연스럽게 달성될 수 있을 것이다.

이를 위해서 첫째, 민주적 기본 질서에 대한 공화주의적 시각을 소개하고, 이것과 다른 정체와의 시각 차이를 비교한다. 특히, 우리 헌법에 명시된 위헌정당해산심판제도가 우리 상황과 비슷하게 분단 상황과 체제 경쟁에 처한 독일 기본법에서 영향을 받은 바가 크기 때문에, 그것의 바탕에 깔려 있는 '방어적 민주주의'에 대해 검토한다.

둘째, 독일 헌법재판소가 어떻게 공화주의적 원칙에 따라 민주적 기본 질서를 이해했고, 이것을 위반한 사회주의제국당과 독일공산당을 해산시켰는지에 대한 위헌정당 해산 사례를 소개한다.

셋째, 우리 헌법재판소가 헌법을 어떻게 이해하고 통합진보당 해산 사례를 다뤘는지에 대해 소개한다.

넷째, 위헌정당을 해산한 독일과 한국 사례의 유사성과 차이성을 비교 분석하고, 이론적 시사점을 찾는다.

## 2. 이론적 논의: 리퍼블릭(republic), 데모크라시(democracy), 티러니(tyranny), 방어적 민주주의

### 1) 선행 연구와 개념틀

민주주의와 공화주의 간의 차이와 연관성을 두고 한국 정당정치의 현상을 본격적으로 분석한 정치학계의 정당 관련 연구는 매우 적다. 지금까지는 민주주의와 공화주의 간의 개념 차이에 대한 정치사상적 연구가 주를 이루고 있다.

정치사상적인 차원에서 대표적인 선행 연구로는 유종선(2013)의 「공화국과 민주주의는 다르. 미국 제헌회의의 공화국과 민주주의 논쟁에 대한 고찰」과 최정욱(2013)의 「'Democracy'는 민주주의가 아니라 다수정이. 공화주의와의 차이를 논하며」가 있다. 또한 곽준혁(2005)의 「민주주의와 공화주의: 헌정체제의 두 가지 원칙」과 이동수(2007)의 「민주화 이후 공화민주주의의 재발견」이 있다.

그리고 공화정, 민주정, 참주정 간에 구별의 필요성과 함께 이러한 개념틀을 가지고 한국의 북한 대응을 시도한 연구로는 채진원(2014b)의 「북한 참주정의 변혁·보존·개선에 관한 '엄밀한 인식'과 한국 정체의 대응」이 있다. 특히 채진원(2014b)은 김일성-김정일-김정은의 세습으로 이어지는 북한의 정체가 형식적으로는 공화국이라는 최상의 헌법을 유지하고 있음에도, 실제는 최악의 정체로 인민들을 노예처럼 지배하고 있는 '타락한 왕조국가'인 참주정(tyranny)이라고 주장하였다.

물론 공화주의와 민주주의 간의 질적인 비교 관점이 아닌 정당민주주의 관점에서 통합진보당의 해산을 '민주적 결핍(democratic deficit)'으로 평가한 연구로 강명세(2015)의 「민주주의와 법의 지배: 통합진보당 해산과 정당민주주의의 후퇴」가 있다. 민주주의 관점에서 통합진보당 사례를 다룬 헌법학계의 연구로는 김종철(2014)의 「민주공화국과 정당해산제도: 통합진보당 해산심판청구를 소재로」와 송기춘(2014)의 「통합진보당 정당해산심판 사건에 대한 비판적 분석」 등이 있다.

이 선행 연구들은 정치사상적으로 민주주의와 공화주의 간의 차이점을 부각하고는 있으나, 이러한 차이점을 하나의 개념틀로 한국 정당정치의 현상을 설명하지 못하는 한계가 있다. 또한 선행 연구들은 비교정치와 비교법학적으로 민주주의와 공화주의 간의 질적인 차이에 대한 풍부한 논의를 전제로 한 관점과 분석틀에서 통합진보당 해산의 의미를 분석하지 못하고 있다. 대체적으로 선행 연구들은 해외의 위헌정당 사건과 한국 통합진보당 사건을 단순하게 비교하는 수준에 그치거나 공화주의적 시각과의 비교 관점이 아닌 민주주의적 시각에서 통합진보당 해산의 부당성을 다루고 있다.

공화주의라는 표현을 직접적으로 사용하지는 않았지만, 공화주의의 원리 일부가 적용된 '방어적 민주주의' 개념을 통해 독일과 한국의 정당해산심판제도와 사례를 다룬 연구로 장영수(2014a)의 「통합진보당과 독일공산당의 비교」와 장영수(2014b)의 「정당 해산 요건에 대한 독일 연방헌법재판소의 판단기준에 관한 연구」가 있다.

한국은 1987년을 기점으로 민주화가 된 지 30년이 넘었다. 민주화 이전에는 한국의 독재정부가 반공주의를 앞세워 북한 독재정부와 적대적 공생관계를 맺으며 시민들의 자유와 권리 투쟁을 억압했기 때문에, 시민들은 민주주의를 최고의 선(善)으로 생각하는 경향이 있었다.

따라서 독재에 맞서 민주화투쟁을 했던 시민들은 공화국과 민주국을 엄밀하게 구별하기보다는 '민주주의'라는 추상적이면서도 절대적인 선의 개념 속에 하나로 혼합된 것으로 혹은 두 개념이 같은 것으로 해석하는 경향이 있었다.

하지만 이러한 두 개념의 혼합과 일치는 민주화 이후 헌법재판소의 역할 증대 및 정치의 사법화 현상에 따른 정치와의 충돌, 법치주의와 국민여론 간의 충돌로 자연스럽게 분화의 시기를 맞이하고 있다. 이러한 분화는 리퍼블릭, 데모크라시, 티러니의 차이에 기반한 새로운 연구를 요구한다.

### 2) 개념과 차이: 리퍼블릭, 데모크라시, 티러니

그렇다면 과연 리퍼블릭, 데모크라시, 티러니의 개념은 무엇이고, 이들의 차이는 무엇일까? 결론적으로 리퍼블릭을 과두정, 우중정, 참주정으로부터 데모크라시(민주정)의 순기능을 지키기 위한 '혼합된 헌정 정부의 정치적 원리(political idea of a mixed constitution government)'로 이해할 필요가 있다.

다시 말해서 리퍼블릭은 데모크라시가 티러니 혹은 다수정의 참주정(tyranny of the majority) 혹은 민주주의 전제정[despotism(tyranny) of democracy]으로 타락하는 경향이 있다는 것을 미리 알고, 이것을 적극적으로 회피하기 위해 견제와 균형 등의 '정치적 혼합주의'를 추구하는 노선으로 이해할 필요가 있다. 즉 리퍼블릭을 '혼합된 헌정정부의 정치적 원리', '헌정주의와 법치주의에 의해 통치되는 정부(rule of law and constitution)'로 볼 수 있다.

리퍼블릭이 이러한 개념으로 정리되기까지 고대 아테네와 로마 및 현대의 미국과 독일의 정체 그리고 아리스토텔레스, 마키아벨리, 매디슨과 토크빌의 공화주의적 정치이론을 빼놓고서 이해하기가 어렵다.

특히 히틀러의 나치당, 스탈린의 공산당과 같은 파시즘과 전제주의 세력이 선거와 정당민주주의를 활용해서 민주주의와 공화국을 파괴하고 전복하려는 위험으로부터, 즉 티러니의 폭력과 음모로부터 데모크라시를 수호해야 한다는 뢰벤스타인(Loewenstein 1937a, 1937b)의 방어적 민주주의 개념과 이 개념을 적극 반영하고 있는 독일 기본법을 빼놓고서는 리퍼블릭을 이해하기 힘들다.

아리스토텔레스는 통치자의 수(1인, 소수, 다수), 통치의 목적과 방법(공익/사익, 합법/불법)에 따라 정체의 유형을 여섯 개로 구분하였다. 각각의 좋은 정체는 군주정(kingship), 귀족정(aristocracy), 혼합정(polity)으로 구분하였고, 이것에 대응하는 각각의 타락한 나쁜 정체는 참주정(tyranny), 과두정(oligarchy), 민주정(democracy)으로 규정하였다.

그의 시각은 현대 민주주의의 기원이 되는 데모크라시를 가장 좋은 정체가 아닌 '혼합정의 타락한 형태'로, 즉 혼합정보다 낮은 단계로 본 것이 특징이다. 그는 여섯 개의 정체 중 최악의 정체는 참주정이며, 민주정체가 가장 견딜 만하며, 가장 실현가능한 최선의 정체는 혼합정이라고 보았다. 그가 말한 혼합정이란 과두정과 민주정을 절묘하게 잘 혼합한 정체이다. 혼합정을 오늘날로 말하면 혼합적 헌정정부(mixed constitution government)를 뜻하는 공화정(republic)과 같은 것이다.

아리스토텔레스는 혼합정을 부자가 지배하는 과두정과 자유시민이 지배하는 민주정을 중도(to metrion)·중용(to meson)·중간적으로 잘 혼합함으로써 그리고 계급적으로는 부자와 빈자의 양극단이 아닌 두터운 중산계급으로 혼합함으로써 더 이상 민주정체도 과두정체도 아닌, 제대로 혼합된 정부 형태로 이해하였고, 그것을 가장 훌륭한 정체로 보았다. 즉 혼합정은 두 정체의 혼합이기 때문에 두 가지 상이한 법규의 평균 및 중간을 취하는 것을 핵심 가치로 보았다(『정치학』 1249a35-1294b14, 1295b11296 d2).[2]

특히, 그는 "공직자를 추첨으로 임명하면 민주정체이고, 선거로 임명하면 과두정체"이며, 또한 "민주정체에서도 재산 자격 요건을 무시하면 민주정체로, 재산 자격 요건을 제한하면 과두정체로 간주된다."라고 구분하면서 자신이 생각하는 혼합정의 예로 공직자를 선거로 임명하되 재산 자격 요건을 무시하여 과두정과 민주정적 요소가 잘 섞이도록 하였

2. 아리스토텔레스의 『정치학』 다음에 나오는 알파벳과 숫자는 통상적인 고전 표기방법에 따른 것이며, 인용은 천병희(2007)의 번역이다.

다. 이 같은 예는 귀족들만의 선거제도가 보통선거와 평등선거로 변화된 것처럼, 그의 혼합정은 오늘날 현대 민주주의의 중요한 제도적 기반이다.

아리스토텔레스는 자신이 제시한 최선의 정체인 혼합정(오늘날의 리퍼블릭)을 가장 견딜 만한 정체인 민주정, 최악의 정체인 참주정과 위계 순위로 비교하였다. 그는 혼합정을 결격 사유가 없는 시민이면 누구나 공직에 참여하되 법이 지배하는 정체로서, 법이 아닌 대중(plethos)과 민중의 결의(psephisma)가 지배하는 타락한 민주정이나 법 대신에 민중선동가(demagogos)와 민중이 다수로 구성된 독재자(monarchos)에 의해 자의적이고도 강압적으로 지배하는 참주정과 다르다고 보았다.

물론 그는 과두정, 민주정, 참주정 간의 유사성에 대해서도 언급하였다. 그는 "극단적인 과두정체는 극단적인 민주정체와 마찬가지로 일종의 참주정체"로서(『정치학』 1292a50), 과두정파와 민중파의 파쟁으로 폭력이 발생하기 때문에 그 특징이 참주정과 유사하다고 평가한다(『정치학』 1302a8). 그는 여러 명이 번갈아가며 통치하는 혼합정에서는 여러 명의 통치자와 피치자 역시 법의 수호자 겸 하인으로 임명되어야지 법 위에 올라서서는 안 된다고 보았다.

특히, 그는 참주정의 지배방식은 주인이 가정에서 노예를 지배하듯이, 국가공동체의 훌륭한 시민을 노예처럼 지배하는 1인 정체로, 자유민들 간의 평등한 지배인 정치가의 지배(politike)가 가부장주의적 지배(despoteia, 오늘날의 despotism)라고 설명하였다(『정치학』 1279b16, 1287a18-1287b5, 121b39-1292a31). 참주정의 대표적인 예는 오늘날 타락한 왕조국가인 북한의 정체라고 할 수 있다(채진원 2014b).

근대의 정치가이자 이론가인 마키아벨리 역시도 리퍼블릭을 데모크라시나 티러니와 구별하였고, 리퍼블릭의 핵심을 혼합정체로 이해하였다. 마키아벨리는 로마시대 역사학자인 폴리비우스로부터 군주정 → 참주정 → 귀족정 → 과두정 → 민주정 → 중우정 → 군주정으로 순환된다는 '정치체제 순환론(anaclyosis)'과 그 순환론에서 벗어날 대안적 방법으로 혼합정체론, 즉 공화국론을 수용하였다.

마키아벨리는 정체순환론에서 벗어나기 위해 혼합정을 실시하여 성공한 나라로 로마공화정을, 그리고 혼합정의 운영에 실패한 나라로 자신의 모국인 피렌체공화국을 사례로 비교하여 설명하였다. 그는 고대 로마공화국과 근대 피렌체공화국의 흥망의 차이를 아리스토텔레스와 마찬가지로 부자만을 대변하다가 타락한 과두정과 빈자만을 대변하다가 타락한 민주정의 위험성에서 찾았다.

즉, 피렌체공화국이 로마공화국처럼 군주, 귀족, 평민의 이익과 갈등이 국가의 공공성을 중심으로 잘 혼합되지 않고, 귀족과 평민 등 특정한 계급의 이익이 과대 대표되면서 견제와 균형 및 권력 분점을 잃으면서 망국의 길로 갔다고 분석하였다.

그는 1525년에 쓴 『피렌체사(Istorie Fiorentine)』 III권 1장 1140에서, "로마공화국은 민중과 귀족 사이의 대립을 논쟁을 통해 해소한 반면, 피렌체공화국은 싸움으로 종결되었"고, "로마공화국에서 대립은 법을 만들었던 반면 피렌체공화국에서는 수많은 시민들의 유배나 죽음으로 끝났다."라며, 결국 "로마에서는 둘 간의 대립이 군사적 역량을 키웠지만 피렌체에서는 군사적 역량을 소진시켜 버렸다."라고 평가하였다(Machiavelli 1989).

마키아벨리 역시도 아리스토텔레스와 마찬가지로 데모크라시를 혼합정인 리퍼블릭보다 낮은 단계의 정체로 평가한 것이 특징이다. 그는 현대 민주주의의 기원으로 평가되고 있는, 솔론이 이끌었던 아테네의 '민주정'을 리쿠르고스가 이끌었던 스파르타의 '혼합정'보다 낮은 정체로 평가하였다. 그는 솔론에 의해 지도되는 아테네가 "오직 민중에 의해 지배되는 국가를 조직했기 때문에, 부자의 거만함과 민중의 방종을 억제할 수 없어서 페이시스트라토스라는 참주정의 대두를 막지 못했다."라고 분석하였다(마키아벨리 2009, 82).

마키아벨리는 아테네의 민주정이 붕괴할 수밖에 없었던 근본 이유로 스파르타와 달리 "아테네의 민주정체가 군주제적 권력이나 귀족제적 권력들과 잘 융합시키지 못했기 때문"이라고 평가하였다. 특히, 그는 민주정에 대비되는 혼합정의 우월성을 로마공화정의 성공 사례를 통해 설명하였다.

그는, 로마공화정은 "왕과 귀족의 정부에서 인민의 정부로 전환했지만, 그럼에도 불구하고 귀족에게 권위를 주기 위해 왕으로부터 모든 권위를 빼앗는 법도 없었고, 인민에게 권위를 주기 위해 귀족으로부터 권위를 전적으로 박탈하는 일도 없었다."라고 하면서 이러한 로마공화국은 "혼합정부를 지속함으로써 완벽한 국가를 유지했다."라고 그 우수성을 평가하였다(마키아벨리 2009, 82–83).

미국의 공화국 헌법을 직접 설계하고 건국에 참여한 제임스 매디슨 역시 아리스토텔레스와 마키아벨리의 혼합정체의 우월성을 수용하여 리퍼블릭을 그것보다 낮은 정체인 데모크라시, 티러니와 엄격하게 구별하였다.

매디슨은 자신이 설계한 혼합적 헌정정부(mixed constitution government)'인 리퍼블릭을 고대 데모크라시를 의미하는 '순수민주주의(pure democracy)'와 참주정의 현대적 버전인 '다수정의 참주정(폭정/전횡)(tyranny of the majority)'과 구별하였다. 그는 순수민주주의의 핵심적 특징이 '다수파에 의한 통치(rule by majority)'이기 때문에 이것은 불가피하게 다수파에 의한 소수파의 억압과 차별을 의미하는 '다수정의 참주정(폭정/전횡)'을 동반한다고 보았다.

특히, 그는 다수파에 의한 통치는 공공성을 무시하는 '파벌의 해악(mischiefs of faction)'을 수반하게 된다고 보았다. 매디슨은 이러한 순수민주주의가 가지고 있는 다수파에 의한 폭정의 문제를 해결하기 위해 헌법과 법치에 의한 통치(rule of constitution and law) 그리고 '집단주의적 시민'에 의한 통치가 아닌 '(다수에 선출된) 소수의 대표자에 의한 통치'를 강조하는 공화국을 역설하였다(매디슨 1995, 61-68, 378-384).

또한 그는 더 넓은 광역 선거구에서 더 많은 시민들에 의해 선출된 소수의 대표자에게 정부를 위임하는 혼합적 연방공화국(federal republic) 즉, 비지배적인 조건(non-domination)의 확보를 위해 단순히 권력만 분립하는 정부(government of separated powers)가 아니라 전체 국가의 권력과 기능을 공유하면서도 권한을 상호 견제하여 분리하는 정부(government of separated institutions sharing power)를 제안하였다(Neustadt 1990; 매디슨 1995).

매디슨은 자신이 설계한 연방공화국이 탁월한 대표성을 기반으로 파당적 위험성을 견제할 수 있는 시스템이기 때문에 고대 민주정체보다 '인민주권'을 실현하는 데 더욱 우월한 체제라는 것을 강조하였다(마넹 2004; Madison 1792a). 또한 그는 공화주의에서 정당의 불가피성과 역할에 대해 일찍이 설명한 바 있으며, 실제로 1792년 제퍼슨과 함께 민주공화당을 창당하여 집권에 성공하기도 하였다.

매디슨은 당초 「연방주의 논고」 10번에서 '파벌의 해악'에도 불구하고 파벌의 형성은 인간 본성상 불가피한 측면이 있기 때문에 파벌 그 자체를 제거하기보다는 그것의 영향력과 위험성을 약화시키는 것이 합리적이라고 판단하였다. 이러한 그의 사고는 워싱턴 초대 정부 이후 파벌의 경쟁화, 즉, '정당 형성'의 불가피성으로 진화하였다.

즉 그는 "모든 정치사회에서 정당(parties)의 형성은 불가피하다."라는 입장 아래 "공화주의 정당은 공화주의 정부에 대한 적과 친구 사이의 구분을 제외한 모든 차별을 추방하고, 공화주의 정부의 친구들 사이의 일반적인 조화를 조장하는 것이 이득이 된다."라고 보면서 "반공화주의 정당과 경쟁해야 한다."라고 주장하였다(Madison 1792a; Madison 1792b).

특히, 매디슨은 공화주의 정당의 과제로 1. 모든 사람들의 정치적 평등을 실현하고, 2. 경제적 불평등을 증가시키는 과도하고 부당한 부를 가진 소수에게 필요 이상의 기회들을 주지 않고, 3. 재산권을 침해하는 일 없이 보통국가를 위해 지나친 부를 줄이고, 국가의 안락을 위해 극심한 곤궁함을 해결하는 법의 운용을 실현하고, 4. 상이한 이해관계에 따라 다르게 운용되는 조치들을 삼가고, 특히 다른 한 사람의 이해관계를 대가로 다른 사람이 이해관계를 추구하는 것을 막고, 5. 정당들의 존재가 막을 수 없는 일인 한, 서로를 견제하는 정당을 만드는 것을 제시하였다(Madison 1792a).

프랑스의 토크빌은 1835년 『미국의 민주주의』라는 저술을 통해 미국과 같이 민주화된 공화국에서도 다수파의 참주정/폭정( tyranny of the majority) 혹은 민주주의 전제정/참주정[despotism(tyranny) of democracy]의 위험이 발생할 수 있다고 문제제기를 하였다. 그는 다수파의 참주정/폭정을 시민의 삶의 제 조건이 평등화와 민주화에 따라 진전됨으로써 민주사회에서 다수가 수적인 우세와 여론 형성의 능력에 기초하여 도덕적 · 지적 권위를 획득하게 되면서 다수 의견에 대한 무조건적인 순응을 통해 개인의 자유의지를 제약하는 현상으로 설명하였다.

민주주의 전제정/참주정에 대해서는 민주사회에서 획일적인 평등의식이 만연하고, 타인과 공동체에 무관심해지는 개인주의와 이기주의적 태도 그리고 물질주의와 중앙집권적인 관료제에 예속되는 태도가 만연됨에 따라 시민 스스로의 자유를 포기하는 현상으로 설명하였다. 또한 그는 미국의 리퍼블릭이 다수정의 폭정과 민주적인 전제로부터 민주주의를 지키기 위한 처방으로 연방주의, 타운제도, 사법제도, 시민적 덕성이라는 공화주의적 요소를 활용하고 있음을 분석하였다(토크빌 1997).

이탈리아의 정치가인 그람시(Antonio Gramsci)는 민중주의(populism)에 빠진 민주주의의 위기에 대한 방어책으로 정당의 역할을 강조하였다. 그는 1920년대 이탈리아의 민주주의가 생존권에 대한 사회주의적 열정과 결합되고 극단적인 파시즘으로 전화되면서, 그 과정에서 무솔리니의 파시스트당이 정권을 잡고 전체주의로 나아가는 것을 목격하였다.

그는 파시즘에 대항하는 새로운 국가를 건설하기 위한 정당의 역할을 제기하였다. 그는 마키아벨리의 정치학을 수용하여, 정당을 '현대화된 군주'로 보고, 국민적-민중적 집단주의를 지적·도덕적으로 지도할 수 있는 헤게모니 조직체로 이해하였다(김종법 2015, 193).

독일의 칼 뢰벤스타인(Loewenstein 1937a, 1937b) 역시도 민주주의의 위기를 불러오는 정당을 막는 데 고민하였다. 그는 독일의 민주공화국체제가 선거를 통해 정권을 잡은 히틀러의 나치당에 의해 전체주의적 정체(tyranny)로 타락하는 것을 경험한 후, 나치당과 같은 비민주적 정당이 다수당을 획득하는 것으로부터 공화주의적 정당민주주의와 헌법질서를 방어하기 위해 '위헌정당해산제도'와 '방어적 민주주의(defensive democracy)'[3]가 필요하다고 주창하였다.

그는 특정 정당이 선거라는 정당민주주의를 악용하여 권력을 잡아 공화주의적 헌법 질서를 파괴하는 것을 방지하기 위해서는 어떠한 정당이든 '헌법 질서를 파괴하려는 비민주적 정당'으로 판단될 경우, 헌법

3. '방어적 민주주의'라는 개념은 프랑스대혁명 당시 급진파이자 좌파의 어원이 된 당인 자코뱅을 이끈 정치가 생 쥐스트(Saint-Just, 1767~1794)가 한 말 "자유의 적에게는 자유가 없다."라는 명제에서 기원하였다.

재판소의 결정을 통해 기본권을 제약하여 강제 해산토록 함으로써 그러한 정당의 집권 가능성을 사전에 차단해야 한다고 강조하였다. 이러한 그의 주장은 1949년 독일 기본법에 반영되었다(오향미 2011; 장영수 2014a, 2014b).

오늘날 공화주의와 이것에 부응하는 정당의 역할이 중요한 이유는 무엇일까? 현대 민주주의가 경제적 양극화와 정치적 양극화로 항상적인 위기에 처해 있기 때문에 언제든지 극단적인 정당에 의해 과두정으로, 우중정으로, 참주정으로 왜곡될 가능성이 높다. 따라서 정당민주주의를 위협하는 적으로부터 이를 방어하기 위한 적절한 대안으로 공화주의와 공화주의적 정당이 필요하다.

특히, 민주화 이후 우리나라는 경제적 양극화, 정치적 양극화, 좌우익적 복지포퓰리즘, 정당정치와 정치적 사법화 및 법치주의와의 충돌, 북한 참주정과의 충돌 속에서 국가 내외부적인 대립과 분열로 위기와 혼란을 겪고 있다. 이러한 위기로부터 벗어나기 위한 방어적 조치로 혼합적 헌정정부(mixed constitutional government)를 추구하는 공화주의적 정당정치와 정책 노선이 필요하다.

그리고 민중주의적 요구가 전체주의적 정당으로 흐르지 않도록 막는 방어적 헌법 조치와 함께 인민에 의한 통치 즉, 주권재민을 공화주의적 방식으로 실현할 수 있는 정당이 중요하다. 공화주의에서 정당은 인민주권의 적극적인 실현자로서, 다수결이나 단순한 민의의 대변자가 아니라 민의를 정제(精製)하고 통합하는 대의정부를 구성하고 작동시키는 역할을 수행한다.

공화주의 정당의 핵심적 역할은 공직선거에 출마할 공직자와 대표자를 선발하는 공천기능과 함께 대표자가 유권자의 선호와 위임, 즉 구속적 위임(imperative mandate)에서 벗어나 자율성을 지닌 수탁자(trustee)로서 기능하도록 돕는 데 있다. 또한 여론과 민의를 단순히 수렴하는 이익 표출과 집성의 기능(articulation and aggregation of interest)을 넘어서 대표자 간 그리고 대표자와 유권자 간 적극적인 토론과 심의(deliberation)를 통해 국가와 공동체의 이익을 통합하는 이익통합적 기능(interest integration)을 돕는다(마넹 2004; 임성호 2003; 채진원 2014a).

## 3. 독일의 공화주의적 방어: 사회주의제국당, 공산당 해산 사례

### 1) 독일 헌법의 공화주의적 방어민주주의 내용

독일은 1949년 당시 서독에 의해 제정되어 동독과 통일하기 전까지 임시 헌법이라는 의미에서 헌법을 '기본법(Grundgesetz)'으로 사용하였으나, 1990년 통일한 이후에도 개정하지 않아 그 명칭이 기본법으로 현재까지 유지되고 있다.

1949년 제정된 독일 기본법은, 나치당과 히틀러에 의한 전체주의 정권 수립에 따라 독일 최초의 민주공화국인 바이마르공화국(1919~1933)

이 붕괴된 것을 막지 못한 헌법의 실패를 적극적으로 반성하고, 이를 보완하고자 '방어적 민주주의' 관점을 분명하게 취하였다.

즉 1919년 바이마르공화국 헌법하에서 특정 정당이 다수의 지지를 얻으면 조건없이 집권할 수 있는 것으로 인정되었지만 1949년 기본법은, 제21조를 통해 민주주의의 핵심적 가치인 '민주적 기본 질서'를 침해하는 정당을 헌법재판소의 '위헌정당해산제도'를 통해 정치 과정에서 배제할 수 있도록 했다. 또한 '기본권 상실제도'를 통해 기본권도 제약할 수 있도록 하였다(오향미 2011; 장영수 2014a, 2014b).

위헌정당해산제도가 명시된 독일 기본법 제21조를 살펴보면 다음과 같다. ① 정당은 국민의 정치적 의사 형성에 참여한다. 정당의 설립은 자유이다. 정당의 내부 질서는 민주적 원칙에 부합해야 한다. 정당은 그 자금의 출처와 사용에 관하여 그리고 그 재산에 관하여 공개적으로 보고해야 한다. ② 그 목적이나 추종자의 행동이 자유민주적 기본 질서를 침해 또는 폐지하려 하거나 독일연방공화국의 존립을 위태롭게 하는 정당은 위헌이다. 위헌성에 관하여는 연방헌법재판소가 결정한다. ③ 상세한 내용은 연방법률로 정한다.

그렇다면 독일 기본법 제21조 제2항에서 언급되고 있는 '자유민주적 기본 질서'란 무엇인가? 이에 대한 독일 연방헌법재판소의 견해는 1952년 사회주의제국당(Sozlalistische Reichspartei: SRP)의 위헌성 인정 판결문(BVerfG, NJW 1952, 1407) 제2항에 다음과 같이 명시되어 있다. 기본법 제21조 제2항에 의한 자유민주적 기본 질서는 모든 폭력과 자의적 지배를 배제하고, 다수의 의사 및 자유와 평등에 따라 국민의 자치를 바탕으로 한 법치국가적 지배 원칙을 의미한다.

이러한 질서의 기본 원칙으로는 다음의 사항들이 '최소한'으로 포함된다고 하였다. 기본법에 구체화된 것은 인권의 존중, 특히 생명과 자유로운 발전에 관한 인격권, 국민주권, 권력 분립, 정부의 책임성, 행정의 적법성, 사법부의 독립, 복수정당제, 야당의 합헌적 설립 및 활동의 권리와 함께 모든 정당에 대한 기회 균등이다(BVerfG, NJW 1952, 1407).

하지만 이것은 최소한의 의미이고, 엄격한 의미는 독일공산당(KPD) 해산판결문에서 제시되고 있듯이, 자유민주적 기본 질서에 대한 거부만이 아니라 "그것을 폐지하기 위한 적극적·투쟁적인 공격 태도가 구체적인 행위"로 드러나야 하며, 이에 따른 "실체적인 위험성이 초래되어야 한다."라는 관점이다(BVerfG, NJW 1956, 139, 211–215).

### 2) 정당 해산의 사례: 사회주의제국당(SRP), 독일공산당(KPD)

독일 연방헌법재판소는 독일 연방정부의 정당해산심판에 대한 신청을 받아들여 1952년 10월 23일 독일 사회주의제국당(Sozlalistische Reichspartei: SRP)과 1956년 8월 17일 독일공산당(Kommunische Partei Deutschlands: KPD)을 각각 해산하였다. SRP는 정부의 해산신청 11개월 만에 그리고 KPD는 해산 신청 후 4년 9개월 만에 판결이 결정되었다.

지금부터는 SRP와 KPD의 해산 사례를 1952년 사회주의제국당(SRP)의 위헌성 인정 판결문(BVerfG, NJW 1952, 1407)과 1956년 독일공산당(KPD) 위헌성 인정 판결문(BVerfG, NJW 1956, 139)을 근거로 각 정당에 대한 소개, 연방정부의 정당해산심판 신청 이유, 심판 청구의 요지, 연방헌법재판소의 심리, 연방헌법재판소의 판시 및 결정요지 등에 대해 살펴보고자 한다.

### (1) 사회주의제국당(SRP)

SRP는 1950년부터 1952년까지 여러 주의회선거와 연방의회 보궐선거에 참여했으며, 1951년 5월 니더작센 주의회선거에서 총득표 중 11%를 득표하여 총 158개 의석수 중 16개 의석을, 브레멘 주의회선거에서는 총 100개 의석수 중 8개의 의석을 획득하였다. 그리고 1951년 11월 19일 독일 연방정부는 SRP에 대한 정당해산심판을 신청하였다.

신청 이유는 SRP가 국가사회주의독일노동자정당(NSDAP)의 후계 정당으로서 나치정당과 같거나 유사한 목표를 지향하고 있으며, 궁극적으로는 자유민주적 기본 질서를 제거하기 위해 활동한다는 것이었다. 이 주장을 뒷받침하기 위해 연방정부는 증빙자료—당 발행 정기간행물 및 출판물, 당 지도층 간부 연설 녹음—와 증인을 증거로 제시했다.

연방정부는 다음과 같은 4가지 청구요지를 신청하였다. 1. 사회주의제국당이 위헌이라는 것을 확인한다. 2. 사회주의제국당은 모든 소속 소조직을 포함하여 함께 해산한다. 3. 사회주의제국당 혹은 소속 부분 조직들, 특히 '제국전선', '제국청년', '사회주의' 등은 위장 조직 혹은 대체 조직을 설립하는 것이 금지된다. 4. 사회주의제국당과 소속 부분 조직의 재산은 연방의 공공 목적을 위하여 몰수된다(BVerfG, NJW 1952,

1407, p.3-6).

연방헌법재판소는 1952년 1월 24일 결정에서 연방헌법재판소법 제45조에 따라 심리진행을 명령했다. 같은 날 연방헌법재판소는 동법 제5조, 38조, 47조에 의거하여 사회주의제국당과 주지구당 사무실, 당 간부 자택에 대한 수색, 그리고 특정 자료에 대한 압수를 명령했다.

그러나 1952년 9월 16일 SRP는 운영지도부 임원인 프릿츠 헬러의 명의로 작성된 서한을 통해 당 중앙지도부가 수개월 전에 정당의 담당기관에 의해 SRP를 자진 해산했다는 것을 연방헌법재판소에 통보하였다. 하지만 연방헌법재판소는 이러한 통보와 상관없이, 1952년 10월 23일 사회주의제국당의 해산을 결정하였다. 독일 연방헌법재판소의 판시 내용과 결정요지를 살펴보면 다음과 같다.

> 연방헌법재판소는 연방정부가 제시한 증거자료를 확인하여 심리한 결과, SRP의 강령, 이념, 전체 모습을 보았을 때, 사회주의제국당이 국가사회주의독일노동당과 본질적으로 유사하고, 오늘날 시점에서 회고해 볼 때, 구(舊)국가사회주의독일노동당의 발전 형태가 현존하는 정당으로서 독일 기본법 제21조 제2항에 의거하여 위헌적이라는 판단에 의심의 여지가 없다.

연방헌법재판소는 이러한 위헌 판결과 위헌정당 해산 결정에 따라 위헌정당 소속 연방의회 의원직과 주의회 의원직을 상실하며, SRP의 대체정당 설립 금지와 SRP의 재산을 국고로 귀속하도록 하는 등의 결정을 내렸다(BVerfG, NJW 1952, 1407, 67–76).

(2) 독일공산당(KPD)

KPD의 뿌리는 1863년 라살레(Lassalle)가 조직한 '독일노동자연맹'이다. KPD는 독일 제3제국의 히틀러 통치시대에는 탄압에 의해 와해되었고, 제2차 세계대전 이후 1945년 6월 7일 재창당하였다.

소련 점령지역인 동독에서 KPD는 독일사회민주당(SPD)과 통합하여 독일사회주의통일당(SED)을 조직하였으나 미국, 영국, 프랑스 등 서방이 점령하고 있던 서독지역에서는 전국적인 정당조직을 표방하는 SED를 금지했기 때문에 1949년 1월 24일 KPD로 분리하여 재창당하였다.

마르크스–레닌주의와 코민테른 강령을 이념과 강령으로 하는 KPD는, 제2차 세계대전 이후 슐레스비히홀슈타인(Schleswig–Holstein)주와 뷔르템베르크–호엔촐레른(Württemberg–Hohenzollern)주를 제외하고 1947~1948년 초까지 모든 주정부에 당 대표자가 있었다. 그 뒤 각 주에서 진행된 선거와 연방 차원에서 진행된 선거에서 득표수와 의석수가 꾸준히 줄어들었다.

KPD는 1949년 제헌의회 때 독일 기본법에 대한 결의안을 반대했고, 여러 차례 독일 기본법 작성 작업을 중단하라고 요구했다. KPD는 냉전 시기에는 맹목적으로 소련의 노선에 동조하였고, 이에 위협을 느낀 독일 연방정부는 1950년 9월 19일의 결의(Gemeinsames Ministerialblatt, GMBL, 통합관보. 39)를 통해 연방기관의 공무원, 직원 및 노동자가 독일공산당원일 경우, 이 사실은 국가에 대한 충실의무에 위반되는 데, 그 이유는 KPD가 자유민주주의적 기본 질서를 폐지하려는 단체이기 때문이라고 발표했다. 더불어 연방정부는 공직자가 이 KPD에 가입하는 것을 금지시켰다.

독일 연방정부는 1951년 11월 22일 KPD의 위헌성과 위헌정당해산심판에 대한 신청을 결정하고, 1951년 11월 28일 해산신청서를 연방헌법재판소에 제출하였다. 독일 연방정부가 제시한 정당해산심판 신청 이유는, KPD는 마르크스-레닌주의의 이념과 당의 구체적인 목표 설정 그리고 당원들의 태도로 볼 때, 자유민주적 기본 질서의 침해나 완전한 폐지를 겨냥하고 연방국가의 존속을 위협한다는 것이었다.

특히, 마르크스-레닌주의적 전투정당으로서 KPD는 혁명을 목표로 하는 당이며, 대중의 선동과 폭력적 혁명을 통해 독일연방공화국가의 정권을 장악하려 한다고 설명하였다. 또한 KPD는 목표 달성을 위해 통일이념과 정책을 남용한다고 보았다. 이것은 독일사회주의통일당(SED)이 장악하고 있는 '국가전선'의 강령을 KPD가 추종하고 있다는 것이다.

또한 독일 통일에 대한 KPD의 강령 내용을 분석해도 같은 결론이 나온다는 것이다. 이에 따르면 KPD는 '아덴아우어 정부'를 폭력혁명적 수단을 통해 몰락시킬 것을 요구하고 있기 때문에 연방정부는 다음과 같이 정당 해산에 대한 청구내용을 신청하였다. 1. KPD는 위헌적이다. 2. KPD를 해산한다. 3. KPD의 대체 단체를 설립하거나 기존 단체를 대체단체로 운영하는 것을 금지한다. 4. KPD의 재산은 공익적인 목적을 위해 독일연방공화국에 몰수된다(BVerfG, NJW 1956, 139, 171-188).

독일 연방재판소는 1952년 1월 24일 연방정부의 정당해산심판에 대한 신청서를 받아들이는 결정과 함께 1952년 6월 26일 결정으로 연방헌법재판소법 제38조, 제47조에 따라 KPD의 사무실 및 개개 조직원의 주거지에 대한 수색과 KPD의 특정 서류들에 대한 압수를 지시하는 것으로 심리 절차에 돌입했다. 이에 따른 수색과 압수는 1952년 1월 31일과 7월 12일에 각각 이루어졌다(BVerfG, NJW 1956, 139, 190).

그러나 KPD는 헌법재판소의 소송절차 진행에 반대하였다. 그 근거로 두 가지 이유를 들었다. 첫째로 독일 기본법 제21조 제3에 따라 위헌성과 관련된 구체적인 법률인 정당법 등 관련법이 없기 때문에 이 관련법이 만들어지기 전까지 KPD의 위법성은 적용될 수 없다는 것이었다.

둘째로, KPD는 위헌정당해산심판과 관련된 소송 절차에 반대하는 근거로 포츠담협정 및 1945년 점령국들로부터 받은 정당허가를 제시하면서 KPD는 독일 기본법이 발효되기 전에 이미 포츠담협정에 따라 '민주적인 정당'으로 허가를 받은 정당인 만큼, 기본법 제21조 제2항을 적용할 수 없다고 주장하였다.

하지만 연방헌법재판소는 각각에 대해 모두 기각하였다. 첫째 이유에 대해서는 기본법 제21조 조항만으로도 위헌성 여부를 판단할 수 있으며, 둘째 이유와 관련해서는 포츠담협정 당시에는 나치의 폭정에 반대한다는 의미에서 '민주주의' 및 '민주주의적' 개념에 최소주의로 부합만 해도 정당허가가 되었으나, 독일 기본법 제정 이후 자유민주적 기본질서라는 엄격한 가치에 대한 부합 여부가 중요한 만큼, KPD의 이의제기는 소송을 중단할 만큼 중대한 증거가치를 가지지 못한다고 판단하여 모두 기각하였다(BVerfG, NJW 1956, 139, 193-202).

이에 따라 사건을 접수하고 재판을 진행한 지 4년 9개월 만인 1956년 8월 17일 연방헌법재판소는 KPD에 대한 정당해산 결정을 선고하였다. 특별한 점은 독일 연방헌법재판소가 KPD에 대한 판결을 내리기 전에 독일 기본법 제21조 제2항을 해석하기 위한 엄밀한 기준을 설정하였다는 점이다.

즉 독일 연방헌법재판소는 1952년 SRP에 대한 정당해산심판을 판결하면서 적용했던 자유민주적 기본 질서가 무엇을 의미하는지에 대한 최소한의 범위와 원칙으로 '기본권에 구체화된 인권의 존중, 특히 생명과 자유로운 발전에 관한 인격권, 국민주권, 권력 분립, 정부의 책임성, 행정의 적법성, 사법부의 독립, 복수정당제, 야당의 헌법합치적 설립과 활동의 권리와 함께 모든 정당에 대한 기회 균등'을 확인하였다.

그리고 독일 연방헌법재판소는 이러한 최소한의 범위를 확인하는 것에 덧붙여 자유민주주의적 질서에 대한 최소한의 원칙을 거부하고 위배하는 것만으로 위헌정당이 되지 않으며, 그것을 폐지하기 위하여 "현존하는 질서에 대해 적극적·투쟁적이고 공격적인 태도가 있어야 한다."라며, 이에 따른 실체적인 위험성이 초래되어야 한다고 적시하여 위헌성의 범위와 기준을 더욱 명확히 함으로써 야당에 대한 탄압 등 위헌성의 남용을 억제하고자 하였다.

그럼에도 불구하고 독일 연방헌법재판소는 자유민주적 기본 질서를 폐지하려는 의도와 목적이 계획으로 도출되는 사실 관계로 볼 때, 형법적 의미에서 미수나 예비, 음모일 필요는 없다고 보면서 독일 기본법 제

21조 제2항에 의한 정당에 대한 제재는 본질상 예방조치이자 미래를 위한 대비이기 때문에 의도된 목적이 단계적이고 상황적인 이유로 사실로 드러나지 않아도 특히, 어떤 정당이 위헌적 목적을 현재 실현할 가능성이 없다고 보아 그 실현을 보류하였다고 하더라도 기본법 제21조 제2항의 적용이 배제되지는 않는다고 판단하였다. 즉 헌법 적대적인 의도가 입증되면, 정치적 상황이 변경되어 그 정당이 위헌적 목적의 실현을 '지금' 감행하고 있는지 여부까지 기다려 판단할 필요가 없다는 것이다(BVerfG, NJW 1956, 139, 211–215).

연방헌법재판소는 독일 기본법 제21조 제2항에 대한 엄격한 기준과 범위를 설정한 다음에 KPD가 이 헌법조항에 위배되는지 여부를 판단하였다. 헌법재판소는 연방정부가 제시한 증거자료를 심리하면서 KPD의 활동 목적과 행태가 마르크스-레닌주의의 이념에 따른 프롤레타리아 폭력적 혁명과 프롤레타리아 독재에 따른 자유민주적 기본 질서에 대한 적대적 전복을 목표로 한다는 점에서 위헌정당에 해당된다고 보고, KPD의 해산을 결정하였다.

연방헌법재판소는 KPD가 위헌정당에 해당되기 때문에 해산해야 하며, KPD의 대체정당에 대한 설립도 금지되며, KPD의 소유재산은 국고에 귀속된다는 결정의 요지를 판시하였다(BVerfG, NJW 1956, 139, 202–317).

## 4. 한국의 공화주의적 방어: 통합진보당 해산 사례

### 1) 우리 헌법의 공화주의적 방어민주주의 내용

우리 헌법에서 자유민주적 기본 질서를 수호하기 위한 조치로, 정당 해산과 관련한 공화주의적 방어민주주의로 '위헌정당심판제도'가 제도화된 시기는 1960년 제2공화국 정부가 추진한 제3차 헌법 개정 때이다.

이탈리아 헌법과 독일 기본법(서독 헌법)의 영향을 받은 1960년 제3차 개정헌법은 제13조 제1항에 "모든 국민은 언론, 출판의 자유와 집회, 결사의 자유를 제한받지 아니한다."라고 규정하고 있고, 동조 제2항에서도 "정당은 법률의 정하는 바에 의하여 국가의 보호를 받는다."라고 하면서, 같은 항 단서조항으로 "단, 정당의 목적이나 활동이 헌법의 민주적 기본 질서에 위배될 때에는 정부가 대통령의 승인을 얻어 소추하고 헌법재판소가 판결로써 그 정당의 해산을 명한다."라고 규정하였다.

이러한 헌법규정이 명문화된 배경으로 "1960년 헌법 개정의 기본 취지가 1952년의 이른바 부산정치파동과 발췌개헌으로 이어지는 헌정파괴행위 이후 이제 내각책임제 개헌을 함으로써 민주헌정질서를 복원하는 데에 있었음"을 보여 주고 있다.

이러한 기본 취지는 정당 조항의 도입과 관련해서 '기본권 보장'과 '정당 해산 조항'의 신설이라는 두 가지 관점을 동시에 취하도록 하였다(송석윤 2010, 33-37). 이러한 두 가지 관점은 당시 헌법개정안기초위원장인 정헌주 의원의 언급 속에 분명하게 드러나고 있다.

내각책임제 정치라는 것은 정당에 의한 정당의 정치를 의미하기 때문에 관용으로써 서로 타협할 수 있는 정당이 존립해야 되겠다는 것을 내가 여러분께 말씀을 드리는 것입니다. 이 정당이 존립이 되지 않는다면 이 정당을 배경으로 해 가지고 있는 그 정부가 항상 불안정하게 되는 것입니다. [국회도서관, 헌법개정회의록(제4대국회), 1968, 43면, 송석윤 2010, 35 재인용]

본 개헌안에 있어서 이태리헌법 및 서독헌법의 전례에 따라서 제13조 제2항에 정당에 관한 규정을 신설했습니다. 물론 정당에 관한 규정은 헌법에 이것을 두는 것은 정당의 자유를 좀 더 효과적으로 보장하기 위한 까닭입니다. 사실 정당에 관한 규정이 없는 경우에는 결국 정당의 자유도 제13조 집회결사의 자유에 의해 보장될 수밖에는 없는 것입니다. 그러나 정당이 이와 같이 일방적인 집회결사의 자유에 의해 가지고 그 자유가 보장될 때에는 어떤 이유에 의해가지고 정당을 불법화하는 경우에도 우리가 경험한 바와 같이 진보당사건에 있어서와 같이 정부의 일방적인 해산처분에 의해가지고 이것을 해산할 수가 있을 것입니다. 따라서 본 개헌안에 있어서는 정당에 관한 규정을 따로 두고 정당의 국가기관적인 성격을 확실히 하고 야당의 육성을 위해 가지고 정당의 자유를 일반 집회결사의 자유로부터 분리해 가지고 고도로 그것을 보장하도록 했습니다. 정당을 불법화하려고 할 때에는 그 목적이나 활동이 헌법의 민주적 기본 질서에 위반되는 경우에 한하기로 하고 그 해산은 대통령의 승인을 얻은 정부의 소추에 의해서 헌법재판소만

이 이것을 판결하도록 했습니다. 여기에서 헌법의 민주적 기본 질서에 위반되는 정당이라 하는 것은 여러분이 아실 줄 압니다만은 우리의 경우로 보아가지고 공산당이나 일당독재를 꿈꾸는 '파시스트' 당이나 왕정복고를 꾀하는 정당 등이 우리 헌법의 기본 질서에 위반되는 정당으로 생각이 되는 것입니다. [국회도서관, 헌법개정회의록(제4대국회), 1968, 57면 이하, 송석윤 2010, 35 재인용]

상술한 정헌주 의원의 언급에서 드러나고 있듯이, 내각책임제 정부형태를 취했던 1960년 제3차 헌법에서 정당해산심판의 방법은 독일 기본법과 다르게 "대통령의 승인을 얻은 정부에 의해서 헌법재판소가 할 수 있도록" 위헌정당해산심판의 제소를 엄격하게 하여 정당 해산이 반대당을 정치적으로 탄압하는 데 악용되지 않도록 주의를 기울였음을 알 수 있다.

하지만 이러한 헌법정신과 취지는 5·16 군사쿠데타와 12·12 군사쿠데타에 의한 포고령과 긴급조치로 국회와 정당이 해산당하는 등 유린을 당하다가 1987년 민주화항쟁과 더불어 시작된 제9차 개정헌법에서 다시 부활하게 되었다. 정당 보호나 정당 해산과 관련한 공화주의적 방어민주주의 조항은 헌법 제8조 제1항, 제2항, 제3항, 제4항에 명문화되었다. 특히, 제4항은 "정당의 목적이나 활동이 민주적 기본 질서에 위배될 때에는 정부는 헌법재판소에 그 해산을 제소할 수 있고, 정당은 헌법재판소의 심판에 의하여 해산된다."라고 되어 있다.

그렇다면 현행 헌법에서 언급되고 있는 '자유민주적 기본 질서' 혹은

'민주적 기본 질서'란 무엇인가? 이것의 의미는 헌법재판소가 내린 판례인 「헌재 1990.4.2. 89헌가113」과 「헌재 2001.9.27. 2000헌마238」에 잘 드러나고 있다(송석윤 2010, 54-55).

「헌재 1990.4.2. 89헌가113」에서 "우리 헌법은 자유민주적 기본 질서의 보호를 그 최고의 가치로 인정하고 있고, 그 내용은 모든 폭력적 지배와 자의적 지배, 즉 반국가단체의 일인독재 내지 일당독재를 배제하고 다수의 의사에 의한 국민의 자치, 자유·평등의 기본원칙에 의한 법치주의적 통치질서를 말한다."라면서 그 구체적인 내용으로 "기본적 인권의 존중, 권력 분립, 의회제도, 복수정당제도, 선거제도, 사유재산과 시장경제를 골간으로 한 경제질서 및 사법권의 독립 등"을 들고 있다.

또한 「헌재 2001.9.27. 2000헌마238」에서 그 의미를 다음과 같이 밝히고 있다. "우리 헌법은 정당에 대하여도 민주적 기본 질서를 해하지 않는 범위 내에서의 정당활동을 보장하고 있다." 즉 헌법 제8조 제2항 및 제4항에 "정당은 그 목적·조직과 활동이 민주적이어야 하며 … 정당의 목적이나 활동이 민주적 기본 질서에 위배될 때에는 … 헌법재판소의 심판에 의하여 해산된다."라고 명시하고 있다.

이상의 헌법재판소 판례는 어떠한 정당이 외형상 민주적 기본 질서를 추구한다고 하더라도 그 구체적인 강령 및 활동이 폭력적 지배를 추구함으로써 자유민주적 기본 질서 또는 민주적 기본 질서에 위반되거나 제거하려는 의도와 행위로 국가적 위험을 초래할 경우, 우리 헌법 질서 안에서는 용인될 수 없으며 위헌정당해산의 조건이 된다는 것을 분명하게 밝히고 있다.

## 2) 정당 해산의 사례: 통합진보당

본 절에서는 헌법재판소가 2014년 12월 19일 통합진보당의 해산을 결정한 판결문인 「헌법재판소 결정 2013헌다1 통합진보당 해산」(이하 「헌법재판소 2013헌다1」)을 근거로 하여 통합진보당 해산 사례—통합진보당 소개, 정부의 청구요지, 심판과정 절차에 대한 이의제기, 판시 및 결정요지 등—를 살펴보고자 한다.

통합진보당은 2011년 12월 13일 민주노동당, 국민참여당이 진보신당 탈당파의 주도하에 설립된 조직인 '새로운 진보정당 건설을 위한 통합연대'와 함께 신설 합당형식으로 창당한 정당이다. 통합진보당은 2012년 4·11 총선에서 13석을 획득하여 진보정당 사상 최고의 성적표를 받았다.

하지만 2012년 통합진보당은 참여당계의 비례대표 경선 부정 의혹 제기에 따른 공방과 중앙위원회 폭력 사태로 참여당계와 노회찬·심상정계가 탈당함으로써 재분당하였다. 또한 2013년 8월, 통합진보당은 경기동부연합의 리더인 이석기 전 의원이 주도한 '합정동 회합(RO)'의 녹취록이 공개되면서, 정당 해산의 위기를 맞았다.

정부는 2013년 11월 5일 헌법재판소에 통합진보당 해산 및 그 소속 국회의원(김미희, 김재연, 오병윤, 이상규, 이석기)에 대한 의원직 상실을 구하는 위헌정당해산심판 청구 신청과 함께 헌법재판소의 최종 결정까지 통합진보당의 활동을 잠정적으로 정지시키는 내용—소속의원의 정당 표방 활동 금지, 국고보조금 지급 금지, 후원회비 수령 금지 등—의

가처분결정을 신청하였다.

하지만 통합진보당은 동년 11월 28일, 헌법재판소에 대통령이 해외순방 중인 2013년 11월 5일 국무총리 주재 국무회의에서 정당해산심판청구서 제출안이 의결되었고, 이 의안이 차관회의의 사전 심의를 거치지 않았다는 근거로 위법하다는 이의를 제기하였으며, 2014년 1월 7일 정당해산심판에 가처분을 허용하는 헌법재판소법 제57조가 헌법이 보장하고 있는 정당활동의 자유를 침해한다는 이견과 함께 헌법소원을 제기하였다.

하지만 헌법재판소는 통합진보당이 제기한 이견에 대해 대통령이 해외순방 중인 경우는 "일시적으로 직무를 수행할 수 없는 경우로서 '사고'에 해당된다고 할 것이므로(직무대리규정 제2조 제4호 참조), 위 국무회의의 의결이 위법하다고 볼 수 없"으며, 차관회의를 거치지 않은 것에 대해서는 "긴급한 의안에 해당한다고 본 정부의 판단에 재량의 일탈이나 남용의 위법이 있다고 단정하기 어렵다."라고 하면서 정부의 정당해산심판 청구가 적법하다고 판단하였다(「헌법재판소 2013헌다1」 3-4).

또한 통합진보당이 제기한 헌법소원에 대해서 2014년 2월 27일 「헌법재판소 결정 2014헌마7」을 통해 "정당해산심판 절차에 관하여 민사소송에 관한 법령을 준용하도록 한 헌법재판소법 제40조 제1항에 대하여 헌법소원심판을 청구하였고, 이에 대하여 헌법재판소는 같은 해 2월 27일에 위 규정이 헌법상 재판을 받을 권리를 침해하지 아니한다."라고 결정하였다(「헌법재판소 2013헌다1」 5).

헌법재판소는 2회의 변론준비기일과 18회의 변론기일을 진행하면서 당사자 쌍방의 변론을 듣고 증거조사를 실시하였으며, 청구인이 제출한 증거조사를 실시하였고, 주요 쟁점에 대해 쌍방이 추천한 각 3인씩의 교수참고인의 진술을 청취한 후 최종 결정요지를 판시하였다. 헌법재판소는 최종 결정을 판시하기 전에 위헌정당해산심판의 기준이 되는 민주적 기본 질서 그리고 그것을 위배한다는 것의 의미와 기준을 명확하게 설정하였다.

헌법재판소는 위헌정당심판제도가 수호하고자 하는 "우리 헌법 제8조 제4항이 의미하는 민주적 기본 질서는, 개인의 자율적 이성을 신뢰하고 모든 정치적 견해들이 각각 상대적 진리성과 합리성을 지닌다고 전제하는 다원적 세계관에 입각한 것으로서, 모든 폭력적·자의적 지배를 배제하고, 다수를 존중하면서도 소수를 배려하는 민주적 의사결정과 자유·평등을 기본원리로 하여 구성되고 운영되는 정치적 질서를 말하고, 구체적으로는 국민주권의 원리, 기본적 인권의 존중, 권력 분립제도, 복수정당제도 등이 현행 헌법상 주요한 요소라고 볼 수 있다."라는 것으로 해석하였다.

또한 헌법재판소는 위헌정당해산제도가 야당 탄압이 되지 않도록 위헌정당의 의미에 대해서도 엄격한 기준을 설정하였다. 즉 헌법재판소는 "헌법 제8조 제4항에서 말하는 민주적 기본 질서의 위배란, 민주적 기본 질서에 대한 단순한 위반이나 저촉을 의미하는 것이 아니라, 민주사회의 불가결한 요소인 정당의 존립을 제약해야 할 만큼 그 정당의 목적이나 활동이 우리 사회의 민주적 기본 질서에 대하여 실질적인 해악을 끼칠 수 있는 구체적 위험성을 초래하는 경우를 가리킨다."라고 밝혔다. 아울러 헌법재판소는 위헌정당해산심판이 최후 수단적 성격이나 보충적 성격을 가져야 한다는 비례원칙의 당위성을 분명하게 표방하였다(「헌법재판소 2013헌다1」 15-18).

헌법재판소는 상술한 위헌성에 대한 기준과 원칙을 가지고 정부가 제출한 청구서 요지와 증거자료를 심사하여 다음의 판단 내용을 근거로 통합진보당에 대한 해산과 소속 국회의원직의 상실을 결정하였다.

첫째, 통합진보당 주도세력의 정치노선으로 제시된 진보적 민주주의의 실현 수단에 있어서 '폭력 사용의 의지'를 확인하였다.

둘째, 통합진보당이 추구하는 진보적 민주주의는 북한의 대남혁명전략과 거의 모든 점에서 같거나 유사하다는 것을 확인하였다.

셋째, 첫째와 둘째를 종합하면 통합진보당의 숨겨진 목적과 활동이 1차적으로 폭력에 의하여 진보적 민주주의를 실현하고 최종적으로 북한식 사회주의를 실현하는 것으로 판단된다고 보았다.

넷째, 결국 북한식 사회주의체제는 인민민주주의 독재방식과 수령론에 기초한 1인 독재를 통치의 본질로 추구한다는 점에서 우리 헌법이 추구하는 민주적 기본 질서와 근본적으로 충돌한다는 것을 확인하였다.

다섯째, 통합진보당 주도세력은 내란을 논의하는 회합을 개최하고, 비례대표 부정 경선이나 중앙위원회 폭력사건을 일으키는 활동을 해 왔는데, 이러한 폭력적 활동은 유사 상황에서 반복될 가능성이 있다고 판단하였다.

여섯째, 통합진보당 주도세력의 북한 추종성에 비추어 볼 때, 그들의 여러 활동은 민주적 기본 질서에 실질적 해악을 끼치는 구체적 위험성이 발현된 것으로 판단하였다.

일곱째, 상술된 정황들로 인하여 초래되는 위험성을 긴급하게 제거하기 위해서는 정당 해산 결정의 필요성 외에 다른 수단이 없어 비례원칙에 부합한다는 것을 확인하였다.

여덟째, 위헌정당의 해산을 명하는 비상 상황에서는 국회의원의 국민대표성과 해산 정당의 소속 의원직을 상실시키지 않고서는 정당 해산의 실효성을 담보할 수 없다고 판단하였다(「헌법재판소 2013헌다1」 20-347).

## 5. 소결: 유사성과 차이성 및 시사점

통합진보당의 해산과 소속 국회의원들의 의원직 상실에 대한 결정은 많은 논쟁과 비판에도 불구하고, 헌정사상 최초로 헌법재판소에 의한 정당 해산결정이었고, 이러한 결정은 위헌정당으로부터 민주적 기본 질서와 정당민주주의를 수호하기 위한 공화주의적 방어를 적절하게 실현하는 계기가 되었다는 점에서 의미가 있다. 또한 이 판결은 분단 상황과 적대적 관계가 획기적으로 개선되어 남북한 간의 통일지향적 흐름이 만들어지기 전까지 합헌정당이 추구하는 활동의 목표와 범위 및 한계를 확인했다는 데 의미가 있다.

특히, 독일이 동독과 체제 경쟁 속에서 통일되기 전까지 방어적 민주주의 관점에서 위헌정당에 대해 단호하게 대처하거나 정당 해산까지는 아니더라도 위헌정당에 가입한 당원들이 공직에 들어올 수 없도록 주도면밀하게 조처한 사례는 북한과 적대적 경쟁관계에 있는 우리에게 이와 유사하게 대처할 필요가 있다는 것을 시사했다는 점에서 의미가 있다.

아울러 이 판결은 진영논리에 기초한 이념 갈등을 초래한 만큼, 이와 같은 결과가 의미하는 바를 우선 공유하고 그 해소방안을 찾을 필요성을 제기했다는 데 시사점이 있다. 다시 말해서 해산심판 대상이 되는 정당이 좌파인지 우파인지, 진보인지 보수인지에 대한 진영논리적 시각이 아니라 심판의 대상이 되고 있는 정당이 헌법적 기준에 따라 정당 해산의 요건을 갖추고 있는지 여부가 중요하게 판단될 필요가 있다는 점이다.

따라서 이러한 판단을 위해서는 이론적인 차원에서 통합진보당의 해산을 '민주주의 위기'라는 민주주의적 관점이 아니라 '정당민주주의 수호'라는 공화주의적 관점에서 이해할 필요가 있다는 점에서 이론적 시사점도 크다.

통합진보당 해산 사례를 독일의 SRP와 KPD 해산 사례와 비교해 볼 때, 유사성과 차이성 및 그것과 관련한 여러 시사점을 얻을 수 있다.

우선 유사성을 살펴보면 다음과 같다. 첫째, 한국과 독일의 헌법은 정당민주주의를 인정하면서도 그것이 나쁜 정체로 왜곡되거나 타락할 수 있는 가능성을 사전에 차단하기 위해 공화주의적 관점에 따른 방어적 민주주의 개념을 도입하여 위헌정당을 헌법재판소가 사전에 심사하고 해산을 결정할 수 있도록 하는 헌법적 정당성과 권위를 부여하고 있다는 점이다.

둘째, 한국과 독일 모두 헌법재판소가 헌법의 기본 취지를 실현하기 위하여 위헌정당을 해산시키는 데 근거가 되는 민주적 기본 질서의 개념과 그것을 위배 또는 제거한다는 의미가 무엇인지 엄격한 개념과 기준을 설정해 놓고, 그것을 확인한 다음에 증거자료 확인과 위헌성 심사에 들어간 점은 위헌정당해산제도의 오남용을 방지하기 위해 최선의 노력을 기하고 있음을 보여 준다.

특히, 독일 기본법 제21조 제2항에 "자유민주적 기본 질서를 침해 또는 폐지하려 하거나 독일연방공화국의 존립을 위태롭게 하는 정당은 위헌이다."라고 명시한 것과 다르게 한국의 헌법 제8조 제4항은 "민주적 기본 질서를 위배할 때"라고 하여 문헌적으로 보면 독일에 비해 덜 엄격한 것처럼 되어 있다.

하지만 통합진보당에 대한 판결 절차에서 헌법재판소는 독일의 SRP와 KPD의 판례에서 제시된 민주적 기본 질서의 의미와 위배의 의미를 '민주적 기본 질서에 대한 단순한 위배나 저촉'이 아니라 '구체적인 행동을 통해 실질적 해악을 끼칠 위험성의 초래'로까지 엄격하게 적용하여, 그러한 조건이 없을 시 위헌정당이 되지 않음을 공히 설정한 점은 헌법재판소가 위헌정당제도의 오남용을 방지하기 위해 절차적 정당성에 많은 노력을 하였음을 보여 준다.

셋째, 독일과 한국 모두 민주적 기본 질서를 위배한다는 의미에 대해 "단순한 위배가 아니라 구체적인 행동을 통해 초래한 위험이 있을 때"로 매우 엄격하게 적용하면서도, 공히 민주적 기본 질서를 위배하려는 의

도와 목적이 형사재판상 요구되는 예비, 음모와 같은 구체적인 증거가 입증되지 않거나 숨겨진 의도나 목적이 구체적 증거로 지금 당장 입증되지 않더라도 헌법재판의 우월적이며 본질적인 지위상—단순한 사법작용이 아닌 공화주의적 방어민주주의에 대한 정치적 사법작용—위헌성 여부와 헌법적합성 여부를 유보하지 않고, 헌법재판소가 그것에 대한 판단을 내렸다는 점이다.

이런 공통점은 통합진보당 해산 결정에 대한 부당성의 논거로 지적되고 있는, 대법원에서 형사재판 중인 이석기 내란음모사건에서 'RO의 실체'와 '내란죄'에 대한 최종적인 결정이 나지 않은 상태에서 헌법재판소가 헌법재판을 진행해도 헌법적으로 상호모순되는 문제가 없는 것인가에 대한 질문에 적절한 답을 주고 있다(허영 2015).[4]

KPD의 해산과 통합진보당에 대한 헌법재판소의 판단에서 제시되고 있듯이, 헌법재판소의 '헌법재판'과 대법원의 '형사재판'은 그 제도의 본질상 근본적인 차이가 있기 때문에 상호모순된다는 것은 법리적으로 부당하다는 판단이다.

헌법재판은 헌법과 국가의 존립을 방어하기 위한 정치적 사법작용을 하는 재판으로 위헌성 여부를 판단하는 재판인 반면, 형사재판은 사회의 법적 질서 확립을 추구하는 예방적인 사법작용이기 때문에 차이가 있다. 즉 구체적인 증거를 요구하는 과거지향적인 형사재판과 달리 헌

4. 이것은 'RO'의 실체와 위협성에 대한 대법원과 헌법재판소의 판단이 다른 것에 대해서도 일정한 해답을 준다. 조국 서울대 법학전문대학원(로스쿨) 교수는 "논리적으로는 헌재와 대법원이 서로 다른 판결을 할 수 있다."라며 "대법원은 RO의 실체가 있느냐 등에 대한 판결이고, 헌재는 정당 자체의 위헌성을 판단하는 것"이라고 했다(곽재훈 2015).

법재판은 과거뿐 아니라 현재와 미래, 숨겨진 의도와 목적까지 고려하여 위헌성 여부를 판단하기 때문에 그 차이는 본질적으로 크다.

이어서 차이성을 살펴보면 다음과 같다. 첫째, 독일의 SRP와 KPD의 경우 정부가 위헌정당해산심판을 청구하면서 동시에 신청한 증거와 정당재산에 관련한 가처분결정 신청을 헌법재판소가 인정하여 최종 정당해산 결정 이후 즉각적으로 재산이 국고로 귀속되었으나, 통합진보당의 경우는 그렇지 못했다는 점이다.

통합진보당에 대한 위헌정당해산 신청은 2013년 11월 5일 있었는데, 약 1년 후에 정당 해산이 결정되기까지 수용되지 못해 결국 정당 해산과 더불어 가처분결정 신청은 실효성이 없어져 자동적으로 기각되었다. 결국 통합진보당에 1년간의 활동시간을 보장해 줌으로써 정당의 자유는 물론 국민의 세금인 국고보조금에 대한 사용도 가능하게 했으며, 정당해산이 결정된 이후 국고로 귀속되는 재산 잔액이 낭비되는 결과를 초래했다.

이것은 정부와 헌법재판소가 위헌정당의 오남용을 방지하기 위한 것으로 온건한 태도의 관점에서 긍정적으로 볼 수도 있지만 역으로 국가의 존립을 위협하는 위헌정당의 존재에 대해 지나치게 소극적이고 미숙하게 대처했다는 것으로 부정적인 평가를 할 수도 있다.

둘째, 독일 연방정부는 SRP와 KPD에 대한 정당해산심판을 청구하면서 정당 해산과 함께 정당 소속 연방의원직과 주의원직 및 지방의원직 모두를 상실하게 하는 청구를 하였지만 통합진보당 해산 관련해서 우리 정부는 정당과 정당 소속 국회의원직만 상실하도록 하고 나머지 지방의원직—시·도의원, 비례대표 시·도의원, 기초의원, 비례대표 기초의원—상실을 신청하지 않았다는 점에서 차이가 있다.

이로 인해 한국에서는 통합진보당이 해산되고 소속 정당의 국회의원 5명이 전원 의원직을 상실하였음에도 불구하고, 통합진보당의 지방의원직이 상실되지 않는 모순되는 일이 발생하였다. 물론 중앙선관위의 후속 조치로 지방의회직 의원 총 37명(기초비례 3명과 광역비례 3명) 중 총 6명의 비례대표의원에 대해서는 공직선거법 제192조 제4항에 근거해 의원직 퇴직을 결정하였으나 나머지 지방의원직 31명은 현재 무소속으로 남겨지는 모순이 발생하였다.

이것은 정당 해산을 신청하는 정부에 주도면밀하지 못한 문제가 있었다고 볼 수 있다. 또한 SRP와 KPD의 사례를 검토한 헌법재판소도 일괄적인 의원직 상실에 대해 판단할 권한이 있었음에도 불구하고, 그것을 결정하지 않은 것은 정당 해산에 대한 부담을 지지 않으려는 소극적인 태도라는 점에서 헌법기관의 권위와 책임성을 실추시켰다고 평가할 수 있다. 이것은 독일과 한국의 첫 번째와 두 번째 차이점에 대한 시사점으로, 헌법재판소와 정부가 위헌정당해산신청에 대해 주도면밀하면서도 책임 있게 대처하지 못한 것은 추후 반드시 보완할 문제라고 평가된다.

## • 참고문헌 •


강명세. 2015. "민주주의와 법의 지배: 통합진보당 해산과 정당민주주의의 후퇴." 한국정당학회 춘계학술회의 정치개혁과 정치사법화(3.6.) 발표원고.

곽재훈. 2015. "RO 실체 없었다…'헌재 결정 정당성 타격'." 프레시안(1.22.).

곽준혁. 2005. "민주주의와 공화주의: 헌정체제의 두 가지 원칙." 『한국정치학회보』제39집 3호(가을). pp.33–57.

김종법. 2015. 『그람시의 군주론』 서울: 바다출판사.

김종철. 2014. "민주공화국과 정당 해산제도: 통합진보당 해산심판청구를 소재로." 『공법학 연구』제15권 제1호. pp.35–66.

마넹, 버나드. 곽준혁 역. 2004. 『선거는 민주적인가』 서울: 후마니타스.

마키아벨리. 강정인·안선재 역. 2009. 『로마사 논고』 서울: 한길사.

매디슨, 제임스 외. 김동영 역. 1995. 『페더랄리스트 페이퍼』 서울: 한울아카데미.

송기춘. 2014. "통합진보당 정당해산심판 사건에 대한 비판적 분석." 『민주법학』제54호. pp.98–135.

송석윤. 2010. "정당해산심판의 실체적 요건: 정당해산심판제도의 좌표와 관련하여." 『서울대학교법학』제51권 제1호(통권 제154호). pp.27–65.

오향미. 2011. "독일 기본법의 '방어적 민주주의'원리: 그 헌법이론적 논거의 배경." 『의정 연구』제17권 제2호(통권 제33호). pp.111–139.

유종선. 2013. "공화국과 민주주의는 다르. 미국 제헌회의의 공화국과 민주주의 논쟁에 대한 고찰." 『영남국제정치학회보』제16집 제1호. pp.179–198.

이동수. 2007. "민주화 이후 공화민주주의의 재발견." 『동양정치사상사』제6권 제2호. pp.5–25.

임성호. 2003. "원내정당화와 정치개혁." 『의정연구』제9권 제1호. pp.133–166.

장영수. 2014a. "통합진보당과 독일공산당의 비교." 『고려법학』제72호. pp.141–176.

장영수. 2014b. "정당 해산 요건에 대한 독일 연방헌법재판소의 판단기준에 관한 연구." 『헌법학연구』제20권 제4호. pp.295–335.

채진원. 2014a. "노무현의 당정분리론과 비판에 대한 이론적 논의." 『오토피아』제29권 제1호. pp.203−237.
채진원. 2014b. "북한 참주정의 변혁·보존·개선에 관한 '엄밀한 인식'과 한국정체의 대응." 『동향과 전망』 여름호(통권 91호). pp.94−135.
최장집, 2015. "한국의 헌법재판소와 민주주의: 헌재의 정당 해산 결정에 대한 하나의 비판."(1.15.). http://openlectures.naver.com/contents?contentsId=79421&rid=253(검색일: 2015년 4월 13일).
최정욱. 2009. "'Democracy'는 민주주의가 아니라 다수정이. 공화주의와의 차이를 논하며." 『비교민주주의 연구』제5집 제1호. pp.37−76.
토크빌, 알렉시스 드. 임효선·박지동 역. 1997. 『미국의 민주주의 I·II』 서울: 한길사.
허영. 2015. "통합진보당 해산결정에 관한 강연요지."(3.26.). 민주화운동기념사업회.
헌법재판소 2013헌다1. 2014. 〈헌법재판소 결정 통합진보당 해산〉(11.19.).
Arendt, Hannah. 1973. *The Origins of Totalitarianism*. New York: Harcourt Brace.
Arendt, Hannah. 1998. *The Human Condition*. Chicago: The University of Chicago Press.
Aristoteles. 천병희 역. 2009. 『정치학』 서울: 숲.
Boesche, Roger. 1996. *Theories of Tyranny: From Plato to Arendt*. University Park, Penn: The Pennsylvania State University Press.
BVerfG, NJW 1952, 1407. 법무부 번역. 사회주의제국당 위헌성 관련 독일판례(번역본 포함).
BVerfG, NJW 1956, 139. 법무부 번역. 연방헌법재판소 판결(번역본) 독일공산당(KPD) 위 헌성 인정 판결.
Finley, M. I. 이용찬 역. 1991. 『그리스의 역사가들』 서울: 대원사.
K. Loewenstein. 1937a. "Militant Democracy and Fundamental Rights, I." *The American Political Science Review*. Vol. 31, No. 3(Jun., 1937). 417-432.
K. Loewenstein. 1937b. "Militant Democracy and Fundamental Rights, II." *The American Political Science Review*. Vol. 31, No.4(Aug., 1937). 638-658.
Lilla, Mark. 2005. "The New Age of Tyranny." *Confronting Tyranny Ancient Lessons for Global Politics*. Koivukoski, T., & Tabachnick, D. E. Lanham, Md: Rowan & Littlefield.

Machiavelli, Niccolo. 1989. "Istorie Fiorentine." *Machiavelli: The Chief Works and Others*. 3 vols. trans. Allan Gilbert. Durham: Duke University Press.

Machiavelli, Niccolo. 강정인 · 김경희 역. 2008. 『군주론』 서울: 까치.

Machiavelli, Niccolo. 강정인 · 안선재 역. 2009. 『로마사 논고』 파주: 한길사.

Madison, James. 1792a. "Parties." National Gazette. 23 January 1792. in *The Papers of James Madison*. ed. Robert A. Rutland et al (Charlottesville: University Press of Virginia. 1983. vol. 14. 197-198.

Madison, James. 1792b. "A Candid State of Parties." National Gazette. 22 September 1792. in *The Papers of James Madison*. ed. Robert A. Rutland et al. (Charlottesville: University Press of Virginia. 1983), vol. 14. 371.

McCarthy, Stephen. 2006. *The Political Theory of Tyranny in Singapore and Burma: Aristotle and the rhetoric of benevolent despotism*. Abingdon. Oxford: Routledge.

Neustadt, Richard E. 1990. *Presidential Power and the Modern Presidents*. N.Y.:The Free Press.

Tarcov, Nathan. 2005. "Tyranny from Plato to Locke." in *Confronting Tyranny, Ancient Lessons for Global Politics*. Toivo Koivukoski & David Edward Tabachnick eds. Lanham: Rowman & Littlefield.

# 제3장

# 좌파 포퓰리스트 이재명 노선과의 차이

## 1. 포퓰리즘의 부상, 한국은 예외일까?

지난 19대 대선을 앞두고 민주당 후보경선에서 돌풍을 일으켰던 이재명 성남시장이 2018년 6·13 지방선거를 앞두고 벌어진 민주당 경기도지사의 후보경선에서뿐만 아니라 본선에서도 승리하였다. 이재명 경기도지사의 정치적 행보와 성장 가능성에 관심을 갖는 것은 그가 지난 대선 과정에서 다른 어떤 후보보다도 포퓰리즘과 관련한 논쟁과 논란을 거세게 일으키면서 유력한 대권주자로 급부상했다는 점에서 자연스러운 일이다. 포퓰리즘과 관련한 그의 미래 잠재력을 이해하기 위해서는 그가 부상했던 과거를 연구하는 것이 필요하다.

최근 전 세계를 향해 급속하게 확산되면서 돌풍을 일으키고 있는 포퓰리즘 현상과 포퓰리스트들의 등장을 어떻게 봐야 할 것인가? 이것은 우리와 무관한 일인가, 무관하지 않다면 우리는 어떻게 대처해야 할 것인가? 무엇보다도 영국의 '브렉시트'에 이어 미국 대선에서 도널드 트럼프 공화당 후보가 당선된 것은 민주주의(democracy)와 민주공화국(republic)의 모국이자 선진국인 영국과 미국에서도 이른바, 포퓰리즘과 포퓰리스트들의 돌풍을 막아내지 못하고, 그것의 확산을 허용했다는 점에서 큰 충격을 주고 있다(황윤정 2016).[1]

이 같은 포퓰리즘과 포퓰리스트들의 돌풍과 확산은, 1987년 이래 민주화를 시작한 지 30년이 넘어가는 한국에서도, 좌우 복지포퓰리즘 공약의 남발, 극단정치의 일상화, 양당 기득권 정치에 대한 유권자의 불만, 최순실–박근혜 게이트 정국에서 강경파 대선후보들의 득세, 일부 언론에서 좌파 포퓰리스트로 논쟁이 되었던 이재명 시장의 지지율 급상승 등 여러 가지 징후와 사정을 볼 때 더 이상 피해갈 수 없을 것 같다.

포퓰리즘을 동원하여 집권에 성공한 대표적인 우파 포퓰리스트는 히틀러와 트럼프이다. 히틀러는 독일 경제 부흥의 한 수단으로 유태인에 대한 증오와 학살을 이용하고, 트럼프는 미국 경제 부흥의 한 수단[2]으로 이민자, 소수자, 여성에 대한 증오와 차별을 이용하였다. 포퓰리즘을 동원하여 집권에 성공하였지만 그 말로가 나빴던 대표적인 좌파 포퓰리스트는 소련의 볼셰비키, 중국의 모택동과 홍위병, 베네수엘라의 차베

1. 빌 그로스는 "미국은 포퓰리즘이 정권을 잡도록 허락했으며 이는 매우 큰 실수"라고 우려감을 나타냈다. 이어 "미국 노동자들이 그들의 문제를 해결할 수단을 잘못 선택했으며 이로 인해 더 곤경에 빠질 것"이라고 덧붙였다.
2. 트럼프는 해외로 유출된 일자리를 본국으로 돌려놓아 미국을 다시 위대하게 만들겠다는 공약을, 그리고 방위비 및 인프라 지출을 늘리는 가운데 법인세는 낮춰 민간부문의 활력을 제고시키겠다는 공약을 제시한 바 있다.

스 등이다(Shils 1956, 100).

논쟁의 여지가 있지만 브렉시트, 이탈리아 오성당, 트럼프 현상, 필리핀 두테르테에 이르기까지 광범위한 포퓰리즘의 득세와 돌풍은 불평등과 실업, 4차 산업혁명 등으로 인해 생긴 위기감과 불안에서 비롯된 현상이다. 그리고 이것은 일시적인 현상이 아니며, 정당을 주축으로 하는 대의정치가 세계화, 정보화, 후기산업화, 탈물질주의, 탈냉전 등으로 표현되는 전환기적 시대 상황의 구조적인 모순과 딜레마에 제대로 반응하지 못해 발생하는 '정치부조화 현상'이기도 하다(채진원 2016).

이러한 포퓰리즘과 포퓰리스트들의 부상과 세계적 확산의 배경 요인처럼, 우리나라 역시도 IMF 이후 경제적 양극화와 정치적 양극화로 극심한 좌우갈등과 국가 분열로 제도권정치에 대한 국민의 불신과 정치혐오가 일상적으로 극대화되고 있다는 점에서, 포퓰리즘과 포퓰리스트들이 급부상할 가능성이 충분히 존재한다.

이 같은 포퓰리즘과 포퓰리스트들의 급부상 가능성은 한국 민주주의의 발전과 성숙을 위협할 뿐만 아니라 민심의 향방을 가늠하는 이후 선거의 정치구도와 공약 경쟁에도 많은 악영향을 미칠 가능성이 크다. 이와 관련해 본고는 두 가지 쟁점 사항에 대해 진지하게 논의할 것을 제기한다.

첫째, 포퓰리즘과 포퓰리스트의 등장이 과연 민주주의의 성숙과 발전에 도움을 주는지 아니면 민주주의의 타락을 촉진하는지 즉, 민주주의와 민주공화정을 중우정(ochlocracy)으로 이끄는 참주선동정치에 해당하는지 여부에 대해 이론적으로 논의할 필요가 있다. 이를 위해 포퓰리즘이 민주주의와 어떻게 다른 것인지, 그것의 실체와 위험성은 무엇인지, 등장 배경이 무엇인지 등 포퓰리즘과 민주주의의 차이점에 대한 엄밀한 논의가 필요하다.

둘째, 한국에서 지난 2017년 19대 대선 국면에서 그리고 이후 국면에서 포퓰리즘과 포퓰리스트가 등장할 수밖에 없었다면, 미국의 트럼프처럼 돌풍을 일으킬 만한 잠재력을 가진 대표적인 포퓰리스트는 과연 누구일까 하는 점이다.

이와 관련하여 그동안 일부 언론[3]에서 자칭 타칭 좌파 포퓰리스트로서 주목을 받았으며, 스스로 여러 차례 포퓰리스트라고 자처하면서(박귀성 2017; 권호 2018),[4] 박근혜-최순실 정국에서 지지율이 상승하고 대선후보로 급부상했던 만큼, 이재명 전 성남시장(이하 이재명)의 정치행태를 심도 있게 분석하는 것이 학술적 의미가 있다고 보인다.

특히, 이재명은 자신의 언사 중에서 '포퓰리즘'을 '민주주의'와 같은 개념선상에서 긍정적 의미로 사용하고 있는데, 이 점에서 이론적으로도 논의의 쟁점이 될 수밖에 없다. 하지만 포퓰리즘이나 포퓰리스트와 관련한 이재명의 정치행태에 대한 연구는 논란과 논쟁에도 불구하고, 아직까지 거의 미진한 상태이다.

3. 대표적인 언론이 미국의 블룸버그 통신이다. 이윤정. 2016. "블룸버그 '한국의 버니 샌더스? 포퓰리스트 이재명'." 경향신문(11.25.).

4. 박귀성(2017)에 의하면, 이재명 시장은 2017년 12월 24일 '경기도친환경농업인연합회' 주최로 열린 '2017년 농업인 송년회'에서 농업인에 대한 기본소득 지급 등을 역설하며 "나는 포퓰리스트가 맞다."라고 고백했다. "제가 포퓰리스트 아닌가? 저 맞다!"면서 "선거에 의해서 뽑힌 사람들이 국민이 맡긴 예산과 권한을 최대한 아껴서 표 얻으려고 좋은 정책 해 주는 게 나쁜가? 좋은 포퓰리즘이다. 저는 아껴서 '무상교복'하고, '무상공공 산후조리'하고, '청년배당'도 하고 다 했다."면서 "왜냐? … 표가 되니까. 전 표가 되면 뭔 짓도 한다."라고 했다.

이 글의 목적은 시론적인 수준에서 이론적으로 민주주의와 포퓰리즘을 구분하여 논의하면서, 이재명의 정치행태가 과연 좌파 포퓰리스트인지 여부 그리고 좌파 포퓰리스트로서 이재명이 급부상한 원인에 대해 살펴보는 데 있다.

## 2. 이론적 논의: 포퓰리즘과 민주주의의 차이점

### 1) 포퓰리즘의 개념

포퓰리즘에 대한 초기 연구자 중 한 사람인 쉴즈(Edward Shils)는 "기득권 지배계급이 만들어 낸 기성질서에 대해 인민의 분노가 있는 곳이면 어디든지 포퓰리즘이 존재한다."라고 언급했다(Shils 1956, 11-12).

포퓰리즘이 무엇인지를 두고 학계의 논쟁이 계속되고 있기 때문에, 일반적으로 포퓰리즘을 정의하는 것은 매우 어려운 일이다. 그럼에도 불구하고, 포퓰리즘 현상을 설명하기 위해 이 개념에 대해 논의하고 논쟁할 수밖에 없는 것이 또한 현실이다.

일반적으로 포퓰리즘이란 정책 실현의 현실성, 옳고 그름, 가치판단 등의 본래 목적을 외면하고 일반 대중의 불만과 고통 및 인기에 영합하여 목적을 달성하려는 정치행태를 말한다. 포퓰리즘을 하나의 개념으로 정의하는 것은 쉬운 일이 아니다. 그래서 포퓰리즘에 대한 학계의 합의된 학술적 정의는 아직 없으며 다양한 의견들이 개진되고 있다(Canovan 1981; 서병훈 1988, 2004, 2008).

『What Is Populism?』의 저자로, 포퓰리즘 연구의 권위자인 뮐러(Jan Werner Mueller)는 "포퓰리즘은 '국민이 직접 통치하게 하자'라는 민주주의의 최고 이상을 실현해 주겠다고 약속하는 타락한 형태의 민주주의"라고 규정한다. 또한 그는 포퓰리스트의 특징에 대해 "그들은 기득권 정치엘리트집단이 부도덕하다고 비판하며 국민의 목소리를 대변할 사람은 자신뿐이라고 강변하는 모습을 보인다. 그들이 쓰는 언어는 거칠고 태도는 무례하며, 반대세력을 인정하지 않는 반다원적 태도를 취한다."라고 밝히고 있다(뮐러 2017, 16, 33).

포퓰리스트와 민주주의자 양쪽 모두는 '국민'과 '민의' 그리고 '국민주권'을 앞세운다는 점에서 유사하게 보이는 측면이 있다. 포퓰리스트는 국민의 요구가 실현되는 것을 방해하는 소수 엘리트와 경제적 기득권자에게 저항하여 국민의 일반 의지를 표현하는 이념을 지향하고 있다. 그리고 포퓰리스트는 대의제도가 국민의 뜻을 제대로 대변하지 못한다고 비판하면서 지혜를 가진 국민의 집단적 의지와 결의가 실현될 때 정치가 정상화된다는 가정을 취하고 있다(Mudde 2007; Taggart 2000; 조기숙 2016).

현실에서 100% 순수한 포퓰리스트와 100% 순수한 민주주의자가 각각 따로 구별되어 존재할 수 있을까? 현실은 포퓰리스트의 지향과 민주주의자의 지향이 서로 혼합되어 있고 그때그때 상황에 따라 둘 중 어느 측면이 강조되기 때문에 이 둘을 구별하는 일은 매우 힘들다.

따라서 이 둘의 차이를 구분하기 위해서는 우선 아이디얼 타입(ideal

type)으로서 포퓰리즘과 민주주의를 각각 구분하여 모델화한 뒤 현실의 적용 과정에서 이 둘 중 어느 쪽의 비중이 더 큰가에 따라 포퓰리즘에 가까운지, 아니면 민주주의에 가까운지를 판단할 수밖에 없다.

주정립은 〈표 1〉처럼, 좌우파 포퓰리즘의 공통점으로 ① 인민에 대한 호소와 반(反)엘리트주의, ② 적과 우리의 이분법, ③ 반자유주의 또는 반의회주의, ④ 카리스마적 지도자에 대한 의존, ⑤ 선동을 통한 단순화, ⑥ 매스미디어의 효율적 구사 등을 지적하고 있다. 반면 좌우파 포퓰리즘의 차이점으로, 우파 포퓰리즘이 불안의 정치, 음모론, 원래적인 것에 대한 동경, 민족 또는 종족, 문화적 정체성에 호소하는 반면 좌파 포퓰리즘은 계급, 계층적 정체성에 호소하거나 평등사회를 동경한다는 점이 다르다(주정립 2010, 176–179).

위의 언급처럼, 포퓰리즘은 민주공화국이라는 정치체제가 지향하는 민주적 기본 질서—절차와 헌법적 가치 및 정당성 있는 수단—에 근거하기보다는 이것을 벗어난 비현실적인 선심성 정책과 수단 등을 내세워

〈표 1〉 좌우파 포퓰리즘의 공통점과 차이점

| | 우파 포퓰리즘 | 좌파 포퓰리즘 |
|---|---|---|
| 공통점 | 인민에 대한 호소와 반엘리트주의, 적과 우리의 이분법, 반자유주의 또는 반의회주의, 카리스마적 지도자에 대한 의존, 선동을 통한 단순화, 매스미디어의 효율적 구사 | |
| 차이점 | 불안의 정치, 음모론, 원래적인 것에 대한 동경, 민족 또는 종족, 문화적 정체성에 호소 | 계급, 계층적 정체성에 호소, 평등사회에 대한 동경 |
| 사례 | 1980년대 이후 대두한 서유럽의 우파 포퓰리즘, 극단적 형태로서 파시즘 | 베네수엘라의 차베스주의 |
| 좌우혼합형 사례 | 19세기 후반 미국의 인민주의, 페로니즘 등 20세기 전반 남미의 포퓰리즘 | |

*출처: 주정립. 2010. p.182.

일반 대중을 호도하여 지지도를 이끌어내고 대중을 동원하여 권력을 쟁취하려는 정치행태라고 할 수 있다.

포퓰리즘을 동원하거나 사용하는 포퓰리스트들은 정치권력을 장악하고, 대중의 환심을 사기 위해 예산의 사용 범위, 정책의 우선 순위, 재정의 우선 투입 순위, 중장기적인 상황, 국가의 장기적인 이익, 헌법적 질서와 가치 등을 고려하지 않고, 당장의 국면만을 유리하게 이끌기 위한 달콤한 정책을 내세운다.

하지만 포퓰리즘은 대개 문제해결의 방법론이 민주적 기본 질서라는 헌법적 가치에서 벗어나 있기 때문에 민주주의와 거리가 멀다. 포퓰리즘은 민중의 환심을 사서 권력을 잡아보겠다고 하는 포퓰리스트의 달콤한 데마고기(Demagogy, 거짓 약속으로 대중을 선동하는 아첨 술책)에 불과할 뿐 근본적인 문제해결에 도달하기는 어렵다.

요약하자면, 시민 한 사람 한 사람의 자율적인 의사에 기반한 숙의민주주의(deliberative democracy)가 전제되지 않은 상태에서, 집단적인 민중의 의지나 인민의 결의가 정당이나 공적인 대의체계를 통해 숙성되지 않은 채, 거칠게 직접 표출되는 것이 포퓰리즘이라고 볼 수 있다.

현대 민주주의가 개방적인 정당을 중심으로 하는 대의정치인 한에서 포퓰리즘의 등장은 정당정치와 대의민주주의의 작동을 약화시키기 때문에 민주주의를 위협하는 부정적인 정치현상으로 나타날 수밖에 없다.

물론 역으로, 포퓰리즘이 등장한 배경에는 기존의 정당정치와 이익대표체계가 제대로 작동하지 못한 것에 대한 반대급부가 존재한다는 점에서 결국 포퓰리즘의 극복은 경제적 양극화와 정치적 양극화 극복에 대한 합리적 정책이 제시되고, 시민참여가 활성화되며 세계화, 정보화, 후기산업화, 탈물질주의, 탈냉전과 같은 시대 상황에 부합하는 '새로운 정당모델'—예, 시민참여형 네트워크정당모델, 시민참여형 플랫폼정당모델 등—이 근본적으로 검토될 때 가능하다(채진원 2016).[5]

### 2) 포퓰리즘에 대한 경고, 실체, 위험성

#### (1) 민주정체 전복에 대한 경고

고대 그리스 아테네의 민주정체가 민중선동가에 의해 붕괴되는 것을 보고 일찌감치 민중선동가의 위험성을 경고한 정치철학자는 아리스토텔레스이다. 그는 자신의 저서인 『정치학』에서 민주정체가 전복되는 이유는 "민중선동가들(demagogos)의 무절제(aselgeia)(『정치학』 1304b20)" 때문이라고 진단하였다.

아리스토텔레스는 "법이 지배하는 민주정체에서는 가장 훌륭한 시민들이 주도적인 역할을 하기 때문에 민중선동가가 나타나지 않"지만 반대로 "법이 최고 권력을 갖지 못하는 국가에서는 민중선동가들이 나타난다."고 보았다. 그 이유는 "민중이 다수로 구성된 독재자(monarchos)가 되기 때문"이라고 하면서, 이것은 "다수가 개인으로서가 아니라 집단으로서 최고 권력을 갖기 때문"이라고 진단했다(『정치학』 1292a7-1292a12).

5. 채진원(2016)은 산업화시대의 낡은 '대중정당모델'과 탈산업화시대의 '시민참여형 네트워크 정당모델'을 비교한다.

또한 아리스토텔레스는 "민중이 법 위에 군림하는 민주정체에서는 민중선동가들이 부자들과 전쟁을 함으로써 나라를 늘 둘로 나누고 있"(『정치학』 1310a3-1310a5)고, "민중선동가들은 잉여분을 민중에게 분배하는데, 민중은 받자마자 또 달라고 하므로, 그런 식으로 민중을 돕는 건 그야말로 밑 빠진 독에 물 붓기인 것이다. 진정한 민주정체 옹호자라면 대중이 너무 가난해지지 않도록 보살펴야 한다(『정치학』 1320a30-1320a32)."라고 민중선동가의 무절제를 우려했다.

아리스토텔레스가 민주정체를 위협하는 치명적인 요인으로 '민중선동가들의 무절제'를 꼽은 것은 이들 민중선동가들이 자주 "민중의 환심을 사기 위해 민중이 심지어 법 위에 군림하게끔 사태를 몰고 간다(『정치학』 1291b48)."라고 보았기 때문이다.

아리스토텔레스가 경고한 민중선동가의 무절제는, 오늘날 국민정서법, 떼법(mob rule), 인민재판이라고 하듯이, 보수층의 반발을 불러올 수밖에 없는 법치주의와의 충돌에도 불구하고 민주주의로 해석되고 있는 '민중들의 결의'의 과잉, 그리고 성장과 분배의 선순환이나 세금을 낼 수 있는 조건을 위해 저소득층과 비정규직의 임금 차별을 개선하지 않고 무턱대고 세금을 걷어서 무상복지를 하면 된다고 하는 과도한 주장들(좌우 복지포퓰리즘)에 대한 일종의 경고로 들린다.

아리스토텔레스는 "공직자를 추첨으로 임명하면 '민주정체'로, 선거로 임명하면 '과두정체'로 간주"했다. 그는 이러한 과두정체와 민주정체를 혼합한 중간 형태의 정체인 '혼합정체(polity)'를 현실에서 실현가능한 최선의 정체로 보았다(『정치학』 1294a30-1294b34).

아리스토텔레스는 자신이 최선의 정체로 제시한 혼합정체의 핵심이 상이한 두 정체(민주정체, 과두정체)의 법규의 평균 또는 중간을 취합하여 공통되게 결합시키는 것, 즉 중도(中道)를 잘 유지하는 것이라고 보았다(『정치학』 1294a30–1294b15; 채진원 2014, 94–135). 그는 중도의 핵심이 잘 반영된 혼합정체는 "민주정체의 요소와 과두정체의 요소를 모두 포함하는 것처럼 보이면서 동시에 어느 쪽 요소도 포함하지 않는 것처럼(즉, 제3의 정체인 것처럼) 보여야" 한다고 생각했다(『정치학』 1294b34–1294b36; 채진원 2014).

아리스토텔레스는 개인에게 '중용(mesotes)'이 최선의 삶이듯, 국가도 중간계급(중산층)이 두텁게 구성된 정체가 최선의 국가공동체라고 보았다. 즉 '중도(metrion)'의 상태가 최선이라는 것이다. 그래서 그는 "중간계급이 많아 가능하다면 다른 두 계층을 합한 것보다, 아니면 적어도 어느 한쪽보다 더 강한 국가는 훌륭한 정체를 가질 것이 분명하다." 라고 말한다(『정치학』 1295a34–1295b13).

아리스토텔레스의 혼합정체는 로마공화정의 기원이면서 오늘날 대의제와 법치주의, 권력 분립, 지방자치 등 견제와 균형을 통한 공공선의 추구 원리가 적용되는 현대 민주주의의 본령인 '공화국(republic)'과 같은 이름이다. 중산층이 두터운 상태가 되어야 최선의 국가가 될 수 있다는 그의 지적은 오늘날 포퓰리즘을 선동하는 무절제한 민중선동가들이 등장하지 못하게 하는 근본적 예방대책의 방법론으로 들린다(채진원 2014).

특히, 무절제한 민중선동가들의 예방책과 관련하여 아리스토텔레스는 "혼합정체를 민주정체라고도 할 수 있고, 과두정체라고도 할 수 있다면 민주정체와 과두정체가 잘 혼합되었다는 증거다."라고 말하면서 그런 말을 할 수 있는 것은 "중간에서 양극단을 볼 수 있기 때문(『정치학』 1294b14)"이라고 언급하였다. 이러한 그의 언급은 혼합정으로서 민주공화국의 경제적 토대가 무엇이 되어야 하는지와 관련하여 우리에게 많은 시사점을 주고 있다.

아리스토텔레스의 이 언급은 1929년 대공황을 극복하기 위한 방법론으로 우파 포퓰리즘인 독일의 나치주의와 좌파 포퓰리즘인 소련의 공산주의라는 양극단에서 벗어나 중간적인 입장에서 제3의 길을 걸었던 스웨덴 중도노선의 탁월성에 주목할 것을 제기하고 있다는 점에서 오늘날 우리에게 시사하는 바가 크다.

특히, 스웨덴 중도노선은 재벌 해체나 귀족노조 해체가 아닌, 노사정 대타협을 통해 민주적 참여기업의 공생모델을 제시했다는 점에서 아리스토텔레스와 그를 계승한 마키아벨리가 꿈꿨던 혼합정체를 잘 구현한 최선의 모델로 평가할 수 있다.

스웨덴의 제3의 길은 자본가의 노동자 착취, 노동자의 자본가 타도가 아닌 노사정 대타협을 통한 성장과 분배의 선순환 그리고 연대임금제와 공동주식제도를 통한 기업민주주의로 '다 함께 성장'을 성공적으로 실현해서 대공황을 극복했다. 이러한 스웨덴의 성공모델은 미국 루스벨트 대통령에게 소개되어 뉴딜정책을 이끌게 하고, 미국의 수정자본주의와 민주주의를 지키는 데 긍정적인 영향을 주었다(Marquis 1936).

(2) 포퓰리즘의 실체

포퓰리즘의 실체는 인기영합적 수준의 단순한 선동정치가 아니라 '거짓의 악선동(demagogy)'을 통해—즉 인종차별, 성차별, 이민자 차별, 재산의 무상몰수와 무상분배 등 민주적 기본 질서에 어긋난 잘못된 진단과 처방으로— 대의정치와 균형 있는 경제해법에 대해 부정과 혐오를 부추겨 정치권력을 장악한 뒤 본인 역시 기득권자가 되어 민주주의를 우중정치로 타락시키는 것이다.

즉 포퓰리즘은 경제적 양극화와 정치적 양극화 문제에서 비롯한 빈곤층과 빈곤층으로 전락한 중산층의 불만을 민주적 질서에 근거한 근본적인 해법이나 균형적인 해결책 없이 그것에 영합하거나 또는 잘못된 진단과 잘못된 처방으로 문제가 해결될 듯이 민중의 환심을 사거나 기만하여 권력을 잡는 데 그 본질이 있다.

민주적 기본 질서에 어긋나는 포퓰리즘의 실체를 보여 주는 사례는 많다. 좌파 포퓰리즘의 대표적인 예로는 '계급 없는 사회'와 '유산계급의 재산 몰수를 통한 무상분배'를 선동해서 권력을 잡은 뒤 새로운 계급사회를 만든 소련의 볼셰비키즘, 중국 모택동의 문화혁명주의, 베네수엘라 차베스의 21세기 사회주의 등이 있다. 우파 포퓰리즘의 대표적인 예로는 독일의 히틀러주의와 미국의 트럼프주의가 있다.

에드윈 윌리엄슨은 포퓰리즘을 "정치인이 저소득층에게…… 혜택을 주겠다고 약속을 남발함으로써 대중의 환심을 사서 권력을 잡으려고 애쓰는 현상"이라고 정의했다. 그는 "포퓰리스트 정치지도자들은 사회 변화나 경제 개혁을 위한 일관된 정책을 가지고 있지 않다."라고 진단했다

(에드워즈 2012, 268).

서병훈(2008, 159)은 포퓰리스트 운동에 호감을 갖는 추종자들 중 상당수는 사회적 약자이고, '패배자'들이라고 진단했다. 따라서 이들 패배자들, 즉 산업화와 도시화의 격랑 속에서 생존마저 위협당하는 최빈민 계층은 즉각적이고 단편적인 혜택—이를테면 임금 인상, 쇠고기값 인하 등—을 베풀어 준다는 포퓰리스트 지도자들에게 열광할 수밖에 없다고 보았다.

또한 서병훈(2008, 161)은 포퓰리즘을 이끄는 지도자들 역시 현상 타파를 구호로 내걸어 대중의 지지를 확보하지만, 실제로는 그들 자신이 기존 지배 계층에 흡수되는 것에 더 관심을 갖고 신분의 수직 상승을 꾀하는 것이 궁극적 목표라고 진단했다.

### (3) 포퓰리즘의 위험성과 등장 원인

포퓰리즘을 중우정으로 타락하는 민주주의의 위기적 징후로 설명하는 대표적인 학자는 『민주주의 내부의 적』(2012)의 저자인 츠베탕 토도로프(Tzvetan Todorov)이다. 그는 모든 데마고기(demagogy)들을 포퓰리즘의 전형적인 표현방식이라고 보았다. 그는 민주주의에서 '민', 즉 인민, 대중, 민중은 가장 중요한 요소임에 틀림이 없지만, 이것이 지나치게 강조될 때 민주주의는 위험에 처한다고 진단했다.

토도로프는 '민'이 강조되는 사례로 외국인 혐오를 방조하거나 조장하는 선동적인 정치를 꼽는다. 그는 포퓰리즘을 민주주의체제가 왜곡되고 신자유주의가 횡행하면서 발생할 수밖에 없는 대중의 불만을 다른 곳으로 돌리기 위해 최근에 유행하는 정치적 기술이라고 보고 있다. 또한 그는 소셜 네트워크 같은 중앙의 통제에서 벗어난 매체가 해방의 도구가 아니라 획일화된 대중들을 동원하는 지배의 도구가 될 수 있음을 우려한다.

포퓰리스트들은 대체로 정당정치와 의회정치 등 대의민주주의의 미발달과 정당정치의 위기해결능력 부족 등을 배경으로 기존 엘리트와 기득권층을 공격하고, 대의기관의 타파를 주장하면서, 인민에 직접 호소하는 방식으로 민의를 실현하겠다고 주장한다. 하지만 인민에 직접 호소하는 방식은 카리스마에 의존하는 1인 지도자에 의해 밑으로부터의 변혁 열망이 위로부터 조작 통제됨으로써 실제로는 권위주의적 수단으로 민중의 의지를 속이거나 기만할 가능성이 크다.

그렇다면 포퓰리스트가 민주주의에 왜, 얼마나 위험한 것일까? 포퓰리스트가 무책임한 공약으로 인기를 얻게 되면 기존 정당의 후보들도 할 수 없이 따라가는 쏠림현상이 커질 수밖에 없고, 그렇게 되면 장기적으로 공익에 손해가 되는 정책과 담론이 그 사회를 지배하게 되기에 민주주의의 해악이 될 수밖에 없다(Krouwel and Abts 2007; 조기숙 2016). 결국 공공선을 놓고 경쟁하는 민주주의가 사라지면 다양성을 놓고 합의해 가는 정치공론장도 종말을 고하게 된다. 정치공론장이 사라진 곳에서는 절제와 용서가 없는 다수파 독재와 소수파에 의한 보복이 득세할 수밖에 없다.

그렇다면 포퓰리즘의 등장 원인은 무엇인가? 여러 가지 요인이 있겠지만, 경제적 양극화와 정치적 양극화가 일상화되면서 제도권정치에 대한 국민들의 정치 불신과 정치 혐오가 극대화되는 조건에서 이것에 영합하는 '민중선동가의 무절제'가 나타났다고 보는 것이 적절하다. 앞서 언급한 대로 아리스토텔레스 역시 민중선동가의 무절제를 핵심적 요인으로 꼽았다.

토도로프도 역시 현대 민주주의의 적인 포퓰리즘을 그리스에서 인간적 오만과 방자함을 뜻했던 '휴브리스(hubris)'의 귀환으로 보고 있다. 결국 아리스토텔레스의 민중선동가의 무절제와 토도로프의 휴브리스는 유사어라고 할 수 있다.

민주정체 붕괴의 원인으로 민중선동가의 무절제를 꼽은 아리스토텔레스의 문제의식은 로마공화정의 흥망성쇠를 논한 『로마사논고』(마키아벨리 2009, 81-82)의 저자 마키아벨리에게 고스란히 계승되었다. 마키아벨리는 '부자의 거만함과 민중의 방종'을 그리스 민주정의 쇠퇴 원인으로 진단하고, 부자와 민중의 갈등을 절제를 통해 균형 있게 제도화하여 성공한 국가모델을 로마공화정에서 찾았다.

그는 솔론에 의해 지도되는 아테네가 "오직 민중에 의해 지배되는 국가를 조직했기 때문에, 부자의 거만함과 민중의 방종을 억제할 수 없어서 페이시스트라토스라는 참주정의 대두를 막지 못했다."라고 분석하였다.

또한 마키아벨리(2009, 83)는 아테네의 민주정이 붕괴할 수밖에 없었던 근본 이유로, 스파르타와 달리 "아테네의 민주정체가 군주제적 권력이나 귀족제적 권력들과 잘 융합하지 못했기 때문"이라고 평가하면서 민주정에 대비되는 '혼합정'의 우월성을 로마공화정의 성공 사례를 통해 설명하였다.

특히 마키아벨리(2009, 83)는, 로마공화정은 "왕과 귀족의 정부에서 인민의 정부로 전환했지만, 그럼에도 불구하고 귀족에게 권위를 주기 위해 왕으로부터 모든 권위를 빼앗는 법도 없었고, 인민에게 권위를 주기 위해 귀족으로부터 권위를 전적으로 박탈하는 일도 없었다."라고 하면서, 이로 인해 로마공화국이 "혼합정부를 지속함으로써 완벽한 국가를 유지했다."라고 그 우수성을 평가하였다.

미국의 공화국 헌법을 직접 설계하고 건국에 참여한 매디슨 역시 아리스토텔레스와 마키아벨리가 경계했던 민중선동가의 무절제와 부자의 거만함과 민중의 방종을 막기 위한 대안으로 혼합정체의 우월성을 수용하여 '파벌의 해악'을 경고함과 동시에 그 대안으로 공화국(republic)을 제시하였다.

매디슨은 다수에 의해 선출된 소수의 탁월한 대표자를 기반으로 하는 '연방공화국(republic)'이 무절제한 파벌의 파당적 위험성을 견제할 수 있는 권력 분립이면서도 혼합된 시스템이기 때문에 고대의 순수한 '민주정(democracy)'보다 '국민주권'을 실현하는 데 더욱 '우월한 체제'라고 강조하였다(채진원 2015).

### 3) 포퓰리스트와 민주주의자의 차이점 비교

그렇다면 민주주의와 포퓰리즘의 큰 차이는 무엇일까? 민주주의(민주공화주의)는 고대든 현대든 상관없이, '추첨제'—치자와 피치자의 유사성을 강조하는 직접민주주의, 대표자를 추첨으로 선출—의 원리와 '선거제'—치자의 탁월성을 존중하여 대표자를 보통선거로 선출—의 원리를 혼합하여 다수 시민이 참여하여 선출한 탁월한 소수의 대표자에게 권력을 위임하는 혼합통치라는 데 많은 의의가 있다.

하지만 민주주의는 그 의의에도 불구하고, 다수결의 전횡과 소수파 배제, 중우정치, 선동정치에 취약하다는 약점을 가지고 있다. 따라서 이런 민주주의의 약점을 보완하기 위해 탄생한 현대 민주주의는 공화주의 요소인 정당, 선거, 권력 분립, 분권과 자치, 법치주의, 보통선거제, 언론, 시민단체 등을 통한 공화주의적 대의정치를 추구한다.

한편 포퓰리즘은 민주주의의 약점을 거꾸로 정당화하고 이상화하는 원리라 할 수 있다. 포퓰리즘은 정당과 법치의 원리에 기반하여 추첨제와 선거제로 대표자를 선출해서 국민주권을 실현하기보다 '직접적인 국민의 집단적 궐기'와 '인민재판'에서 나오는 집단주의적 결의와 의지만이 국민주권을 실현할 수 있는 최선의 방법이라고 보면서 국민들의 직접 참여를 이상화한다.

특히, 포퓰리즘은 추첨제와 선거제에 기반한 민주주의와 상관없이, 사람과 제도를 구분하지 않은 채, 소수의 정치엘리트층과 정당과 의회를 중심으로 하는 대의체제가 국민주권의 실현을 방해하는 주범이라고 프레이밍하여 이들을 타파하고, 국민들의 직접적인 참여와 집중된 힘을 통해 국민주권을 실현해야 한다고 주장한다.

따라서 포퓰리즘은 이들을 동원하는 지도자의 행태에 있어서도, 다양한 이해관계자와 정당들의 경쟁을 통해 견제와 균형을 이루는 민주적인 리더십이 아니라 순식간에 모든 것을 장악해서 가진자와 기득권층의 재산을 무상으로 몰수하여 무상으로 분배하는 방식을 이상화하게 된다. 즉 민주적 기본 질서와 거리가 먼 사회주의적 방식을 선호한다.

하지만 결국 포퓰리즘은 국민주권을 실현하기 위해 민중의 환심을 사는 카리스마와 독재적 심성을 가진 '지도자 개인'에게 철저하게 의존하게 되는, 즉 비민주적인 우중정치를 정당화하는 모순을 갖게 된다. 따라서 당연히 포퓰리즘을 통해 국민주권을 실현하겠다고 선동하는 포퓰리스트들의 말로는 독일의 히틀러와 소련의 볼셰비키가 보여 주었듯이, 권력 장악 이후 본인 역시 기득권을 지키기 위해 독재와 부패로 붕괴되었다는 점에서 모순적이다.

반면 민주주의(민주공화주의)는 민주공화국이란 혼합정체를 통해 국민주권을 실현하는 원리이다. 민주공화국은 '대의민주주의'와 '법치주의(헌정주의)'라는 두 개의 바퀴로 굴러간다. 이 두 요소는 서로 견제와 균형 그리고 건설적 긴장을 가진다. 민주주의는 1인 지배나 소수의 지배를 거부하고 다수 시민의 참여를 추구한다. 법치주의는 사람에 의한 인치(人治)도, 법을 악용해 법을 수단으로 하는 통치(rule by law)도 아닌, 법의 지배(rule of law)를 추구한다.

즉, 리퍼블릭인 민주공화국은 소수파를 억압하면서 다수파 지배와 다수결주의를 합법화하는 민주주의(democracy)의 한계를 넘어서며, 정치엘리트층과 경제기득권층을 타파하겠다는 포퓰리즘과 달리 숙의민주주의(deliberative democracy)와 법치주의를 통해 다수파든 소수파든, 어느 누구도 상대를 지배하거나 지배당하지 않도록 하면서 '비지배

〈표 2〉 포퓰리스트와 민주주의자의 비교

| | 포퓰리스트 | 민주주의자(민주공화주의자) |
|---|---|---|
| '국민'의 관점 | 미분화된 하나의 동질적인 집합체로서 전체 국민(전체주의) | 개인적 자율성을 가지면서 연결된, 숙의된 국민(숙의적 공화주의) |
| '국민주권'의 관점 | 다수 국민의 결의나 의지를 방해하는 소수파(엘리트층과 기득권층) 타파와 배제 상태 | 다수파와 소수파 어느 누구도 지배하거나 지배당할 수 없도록 하는 비지배적 공화(국민 통합) 상태 |
| '국민주권'의 실현방법 | 다수 국민의 집단적인 궐기와 결의, 인민재판, 권력의 1인 집중 | 추첨제, 선거제, 정당제 등 대의제와 권력 분립을 통한 법치주의 |
| 리더십 스타일 | 카리스마, 권위주의, 선동정치 | 견제와 균형, 대화, 토론, 숙의 |
| 지지기반 | 폭민(暴民), 정치 혐오, 정치무관심층(apolitical) | 비판적 시민, 정치관심층(apartisan) |
| 지도자-지지자 관계(소통방법) | 일방적 추종과 지지(선동, 결의, 각종 미디어 선전과 동원) | 상호협력(대화, 토론, 숙의, 각종 미디어 공론장과 네트워크) |

적 자유'를 추구하며, 양쪽 모두가 '비지배적 공화상태'인 국민 통합에 도달하는 것을 목표로 한다.

〈표 2〉는 포퓰리즘과 민주주의의 차이점을 근거로 포퓰리스트와 민주주의자의 특성을 비교한 것이다. 그 내용을 정리하면 다음과 같다.

첫째, 국민주권의 원리에서 국민에 대한 이해의 차이를 비교해 보면 다음과 같다. 먼저 포퓰리스트는 국민을 미분화된 하나의 동질적인 집합체로서 '전체 국민'을 상정하는 전체주의적 입장이다. 반면 민주주의자는 국민주권의 주체인 국민을 개인적 자율성을 가지면서 상호 연결된, '숙의된 국민'으로 상정하는 숙의적 공화주의의 입장이다.

둘째, 국민주권이 실현된 상태를 비교해 보면 다음과 같다. 즉 포퓰리스트는 다수 국민의 결의나 의지를 방해하는 소수파(엘리트층과 기득권층)를 타파하고 배제한 국민주권의 상태를 상정한다. 반면 민주주의자는 다수파와 소수파 어느 누구도 지배하거나 지배당할 수 없도록 비지배적 자유를 추구하는 상태인 비지배적 공화(국민 통합) 상태를 상정한다.

셋째, 국민주권의 실현방법을 비교해 보면 다음과 같다. 포퓰리스트는 다수 국민의 집단적인 궐기와 결의에 기반한 인민재판과 권력의 1인 집중을 상정한다. 이에 반해 민주주의자는 추첨제, 선거제, 정당제 등 대의제와 권력 분립을 통한 법치주의를 상정하고 있다.

넷째, 국민주권의 실현을 이끄는 지도자의 리더십 스타일을 비교해 보면 다음과 같다. 먼저, 포퓰리스트는 카리스마, 권위주의, 선동정치의 사용을 상정하지만 민주주의자는 다양한 세력들의 견제와 균형 속에서 대화, 토론, 숙의의 사용을 상정한다.

다섯째, 국민주권의 실현을 이끄는 지도자의 지지기반을 비교해 보면 다음과 같다. 포퓰리스트의 지지기반은 폭민(暴民), 정치 혐오, 정치무관심층(apolitical)인 반면 민주주의자는 비판적 시민, 정치관심층(apartisan)을 지지기반으로 한다.

여섯째, 지도자와 지지자의 관계(소통방법)를 비교해 보면 다음과 같다. 포퓰리스트에게는 일방적 추종과 동원관계—선동, 결의, 각종 미디어 선전과 동원—가 주가 되는 반면, 민주주의자에게는 상호협력관계—대화, 토론, 숙의, 각종 미디어 공론장과 네트워크—가 주가 된다.

## 3. 좌파 포퓰리스트로서 이재명의 정치행태 분석

### 1) 과연 이재명의 정치행태는 좌파 포퓰리스트인가?

그렇다면, 이재명의 정치행태는 과연 좌파 포퓰리스트인가? 이 질문의 답을 규명하기 위해서는 앞서 〈표 1〉과 〈표 2〉에서 논의한 지표를 종합적으로 사용해서 그것의 적용을 통해 합당한 판단이 필요하다.

〈표 1〉은 좌파 포퓰리즘의 요소로서 ① 인민에 대한 호소와 반엘리트주의, ② 적과 우리의 이분법, ③ 반자유주의 또는 반의회주의, ④ 카리스마적 지도자에 대한 의존, ⑤ 선동을 통한 단순화, ⑥ 매스미디어의 효율적 구사, ⑦ 계급, 계층적 정체성에 호소, 평등사회에 대한 동경을 제시하고 있다.

〈표 2〉는 민주주의자와 반대되는 포퓰리스트의 특징으로 ① 미분화된 하나의 동질적인 집합체로서 전체 국민(전체주의), ② 다수 국민의 결의나 의지를 방해하는 소수파(정치엘리트층과 경제기득권층) 타파와 배제 상태, ③ 다수 국민의 집단적인 궐기와 결의, 인민재판, 권력의 1인 집중, ④ 카리스마, 권위주의, 선동정치, ⑤ 폭민(暴民), 정치 혐오, 정치무관심층(apolitical), ⑥ 일방적 추종과 지지(선동, 결의, 각종 미디어 선전과 동원)를 제시하고 있다.

이 글은 분석의 엄밀함을 위해 〈표 1〉과 〈표 2〉의 지표들을 존중하되, 19대 대선이라는 정치 일정이 남아 있는 상태에서 이재명의 정치행태가 충분하게 드러나거나 정형화된 형태로 완성되지 않은 단계라는 점을 고려할 수밖에 없다. 따라서 시간적인 순서로 볼 때, 어느 정도 정형화된 형태로 드러난 좌파 포퓰리스트의 특성부터 검토하고 아직 맹아적인 수준으로 드러나는 행태를 합리적으로 추론할 수밖에 없는 한계를 가질 수밖에 없다.

이 글은 많은 한계가 있음에도 불구하고 잠정적 결론으로서, 다음의 논거로 이재명의 정치행태를 좌파 포퓰리스트라고 규정하고자 한다. 주요 논거는 다음과 같다. ① 적과 우리의 이분법으로서 법 위의 사회주의 성향의 정책을 추구해 왔다는 점, ② 대의정치와 정당보다는 국민직접 정치와 SNS를 매개로 한 인민주의 호소를 추구해 왔다는 점, ③ 숙의와 토론보다는 선동을 통한 단순화를 추구해 왔다는 점, ④ 주류 정치에 반대해 온 아웃사이더 기질과 카리스마적 성향의 리더십을 추구해 왔다는 점이다.

### 2) 법 위의 사회주의적 성향 정책

#### (1) 기본소득, 청년배당, 무상교복, 무상산후조리

이재명은 적과 우리의 이분법으로 구분하면서 재벌과 정치기득권층을 타파하고 우리(민중, 노동자, 국민)의 주권을 실현하기 위해 겉으로 잘 드러나지는 않지만 논리적 결과에 따른 '숨겨진 의도의 사회주의 성향의 급진정책'을 일관되게 추구해 왔다.

그는 민중의 환심을 사기 위해서 민주적 기본 질서에 저촉될 가능성이 큰 사회주의적 원리가 들어 있는 기본소득, 청년배당, 무상교복, 무상산후조리를 실시한 성남시의 경험을 들어서, 마치 중앙정부 차원에서도 이것을 전면적으로 실현 가능한 것처럼 선동한다는 점에서 포퓰리스트라고 할 수 있다.

즉, 이재명의 정치행태는 구 사회주의국가에서도 불가능했던 기본소득, 무상분배 등의 정책이 민주적 기본 질서를 추구하는 민주공화국인 우리나라 중앙정부에서 마치 전면적으로 실행할 수 있는 것처럼 선동하고 있다는 점에서 포퓰리스트라 할 수 있다. 물론 이재명은 그것이 가능하다고 주장하면서도 그 구체적인 경로와 방식을 논리적으로 언급하지 않는 모순된 행태를 보인다.

이재명은 그 경로와 방식을 묻는 대목에서 항상 레토릭으로 '(국민의) 혁명적 변화'를 언급하는 특징이 있다. 이재명이 말하는 (국민의) 혁명적 변화라는 것은 기본소득제와 무상분배를 이루기 위한 논리적 귀결로 볼 때, 민주적 기본 질서에 반하는—사회주의적 함의를 갖는 혁명적 조처—'숨겨진 의도'의 다른 표현으로 보인다.

포퓰리스트로서 이재명의 행태가 부각된 것은 성남시가 추진한 정책으로 '기본소득에 기반한 청년배당', '무상분배(무상산후조리·무상교복)'가 복지포퓰리즘 논쟁을 일으키면서부터다. 성남시장에 취임한 이재명은 중학교 1학년 신입생에게 교복 무상지원을, 산모들에게 무상산후조리비를, 만24세 청년들에게는 청년배당을 실시했다. 그 결과 '포퓰리즘' 논쟁이 가열될 수밖에 없었다.

'복지포퓰리즘'이란 복지를 위한 기본 전제인 세금의 확보방법과 사용조건을 충분히 밝히지 않은 상태에서 대중의 환심을 사기 위한 인기영합적인 정책을 펴는 것이라 정의할 수 있다. 복지가 국민의 세금으로 이뤄지고, 재정적자와 비례하는 만큼, '실질적인 세수 확보방안', '세금을 낼 수 있는 소득 있는 중산층 복원', '복지투자의 우선순위 선정' 등을 분명히 밝히고 국민의 동의를 얻어 시행할 때 포퓰리즘 논란에서 벗어날 수 있다. 이런 전제와 조건없이 추진되면 인기영합적인 선동정치로 타락할 가능성이 크고, 재정적자로 국민경제의 건전화를 해치고, 그에 대한 안티테제로 신자유주의정책을 부르는 악순환에 빠질 가능성이 크다(채진원 2016, 275-276).

이재명의 정치행태는 성남시에서 시행된 사회주의 성향의 정책들을 전국적으로 확산시키기 위해 중앙정부 차원에서도 이것을 전면적으로 시행해야 한다고 주장하면서, 자신이 대선후보자로서 적임자임을 선전하고 있다. 이재명은 성남시의 사례를 중앙정부를 통해 전국적으로 확산시키기 위해 재벌 해체, 기득권 타파 등 사회주의적 함의를 갖는 혁명적 조치인—숨겨진 의도의 다른 표현인—'국민의 혁명적 변화'를 선동하고 있다.

이것은 민중선동가의 무절제한 욕망을 표현하는 것으로, 국민의 환심을 사면서 자신의 지지율을 올리기 위해 성남시의 사례를 과도하게 중앙정부에 적용할 수 있다고 선동하고 있다. 이것은 과도한 일반화의 오류에 빠지면서도 민주적 기본 질서에 반하는 인기영합적인 주장으로 보는 것이 적절하다.

이것은 이재명이 주장하고 있는 기본소득의 정치철학적 배경으로 볼 때, 단순한 복지정책이 아니라 사회주의로 이행하기 위한 '준사회주의 성향의 정책'이라고 볼 수 있다. 이것은, '청년배당정책에 관한 연구용역'을 수행하고, 이재명이 이것을 수용토록 제안해 온 기본소득한국네트워크 대표인 강남훈 한신대 교수(경제학)의 이론적 언급을 보면 금방 알 수 있다.

2009년 5월 18일 진보전략회의 5월 워크숍에 발제자로 참여한 강남훈 교수는 발제문인 「기본소득제도, 과연 경제위기 대응책이 될 수 있나」에서 다음과 같이 주장한다.[6] 그는 자신이 개발하여 이재명에게 소개한 기본소득제도의 의미에 대해 "진보정당이 사회주의를 당면목표로 내세울 수 없는 상황에서 자본주의체제 내에서 가능한 이행기적 강령을 내세워야 하며, 기본소득이 이행기 강령이 될 수 있다."라고 강조했다. 그리고 기본소득제는 실제로 진보정당이 집권했을 때만 가능한 정책이기 때문에 '국민의 의견, 입장의 급진화'가 진보정당의 유일한 집권전략이 될 수 있다고 주장했다.

강남훈 교수는 이 기본소득제가 "자본주의를 폐기하고 새로운 사회로의 이행 가능성을 열어 줄 수 있다."라고 주장하면서 그 근거로 3가지를 들었다. 첫째, 자본에 고용되지 않아도 기본생계가 보장됨으로써 노동의 부분적 탈상품화를 가져온다는 것이다. 둘째, 노동력 공급을 줄임으로써 자본에 대한 노동의 힘을 강화시킨다는 것이다. 셋째, '사회적 경제' 영역을 창출시킬 수 있다는 것이다.

6. [경제] [읽을거리] '기본소득제도, 과연 경제위기 대응책이 될 수 있나' 출처: 기본소득한국네트워크 http://m.basicincome.kr/bbs/board.php?bo_table=TmP&wr_id=279&page=9&sfl=&stx= &sst =wr_hit&sod=asc&sop=and&page=9(검색일: 2016년 11월 22일).

강남훈 교수는 기본소득제도가 실현되려면 무상교육, 무상의료, 토지 국유화가 전제되어야 하고, 불로소득에 높은 과세를 적용할 수 있도록 조세변혁이 이뤄져야 한다고 주장한다. 이런 전제조건이 실현되면 기본소득제도 시행에 필요한 재원 마련이 가능하다는 것이다.

또한 강남훈 교수는 부동산세를 토지세로 단일화하고 3%의 세율을 매겨서 연 30조 원, 증권양도소득세를 신설하고 배당과 이자소득세율을 30%로 인상하여 최소 60조 원, 탄소세 등 환경세로 30조 원, 지하경제 세원 포착으로 30조 원을 더 걷을 수 있다고 본다. 이 정도만 가지고도 국민 1인당 연간 3백만 원씩의 기본소득을 지급할 수 있다는 것이다

이재명은 강남훈 교수의 이러한 연구용역과 자문을 수단으로 기본소득제를 채택하여 누구에게나 조건 없는 기본소득을 보장할 것을 주장한다. 하지만 이러한 주장은 구 사회주의국가에서도 불가능했던 환상을 끌어오거나 이를 실현하기 위해 민주적 기본 질서에 반할 수밖에 없는 사회주의적인 혁명적 조처라는 숨겨진 의도를 국민의 혁명적 변화라는 다른 표현으로 호도하면서 국민을 선동하고 있는 것으로 보인다.

### (2) 재벌 해체의 수단은 '혁명적 변화'와 '자신에 대한 지지'

이재명의 정치행태는 2016년 9월 7일 MBC라디오 '신동호의 시선집중'과의 인터뷰에서 발언한 내용을 보면 잘 드러난다. 이재명은 이날 인터뷰에서 "공평경제를 위해선 재벌독점체계를 뒤집어야 한다."라고 주장했다.

이와 관련해 "지금 우리 사회에서 가장 심각한 문제는 불평등"이라면

서 "재벌을 5%도 안 되는 소수의 가문이 지배하고, 그것이 결국은 대한민국 기업을 지배하고, 대한민국의 경제를 지배하고, 급기야 정치권력 우위에 서는 이런 상황에 있기 때문에 이걸 뜯어고쳐야 된다."라고 했다.

진행자가 이에 "재벌 해체 같은 인위적인 개입도 염두에 두고 있냐?"라고 묻자, 이재명은 "당연하다."면서 "소유구조를 깨야 되고, 그다음에 대기업 재벌 중심 경제구조를 고쳐야 되고, 또 노동소득 분배율을 올려서 국민 대다수를 차지하는 노동자들의 몫이 커져야 된다."라고 단언했다. 이재명의 핵심 주장은 재벌 해체, 기본소득, 조세부담의 정상화인 것이다.

그렇다면 이것을 달성하기 위해 이재명은 어떤 방법론을 상정하고 있을까? 방법론에 대해서 그는 대선 출마 선언문에서 사회주의적 함의를 갖는 숨겨진 의도를 감추고 혁명적 변화와 자신에 대한 지지만을 반복하고 있을 뿐, 허무하게도 구체적인 경로와 조건에 대해서는 말이 없다는 것이 특징이다.

혁명적 변화와 자신에 대한 지지만 반복하는 것을 보면 이재명이 주장하는 기본소득, 재벌 해체, 무상분배는 극단적인 방법으로, 구 사회주의국가에서나 시도해 볼 수 있는 것들이다. 그것은 현행 민주적 기본 질서를 중시하는 민주공화국의 가치에 반하지 않고서는 결코 도달할 수 없는 환상적인 주장이다.

### 3) 국민직접정치와 SNS를 매개로 한 인민주의 호소

포퓰리스트로서 이재명은 소수 엘리트층을 중심으로 하는 정치기득권세력의 타파를 주장하고 이를 위해 대의정치와 정당정치보다 상대적으로 더 많이 '국민직접정치'와 'SNS 대중정치'를 추구해 왔다. 그가 국민직접정치와 SNS 대중정치를 추구해 왔다는 것은 최근 대선후보로 급부상하게 된 배경에 SNS상의 지지가 큰 영향을 미쳤다는 점에서도 확인된다.

이재명은 별칭으로 SNS상의 자신의 지지자를 '손가락혁명군'이라 칭한다. 또한 이들은 이재명을 'SNS 사령관'이자 'SNS 대통령'으로 칭할 만큼, 이재명은 중앙언론의 관심 부족을 SNS에 대한 사활적 몰입으로 극복해 왔다. 그의 페이스북과 트위터, 카카오스토리 등 SNS 팔로워수는 30여 만 명에 달한다. 이재명은 언론에서 "(SNS를 이용하는) 손가락은 내 최대의 무기"라서, "날마다 새벽 2시까지 SNS에 파묻혀 살고 있다."라고 밝힌 바 있다.

그는 자신이 SNS에 매달리는 이유에 대해 "SNS는 보수언론의 허위보도, 왜곡, 조작에 해명하고 싸울 유일한 보호수단"이라면서 "그래서 죽기 살기로 한다. SNS는 내가 살기 위한 수단이다."라고 밝힌 바 있다. 이러한 언급은 포퓰리스트로서 이재명이 얼마나 주류 언론의 기득권을 타파하기 위해 SNS를 효율적으로 사용하고 있는지 보여 준다.

이재명은 2016년 9월 7일 MBC라디오 '신동호의 시선집중'과의 인터뷰에서 다음과 같이 발언했다. 진행자가 "친문재인세력이 당을 장악하고 있는 상황에서 타 후보들이 경선에서 문재인 전 대표를 이기는 게 가능하겠는가?"라고 묻자, 이재명은 "저는 그렇게 생각 안 한다."면서 "저는 바뀔 가능성이 더 많다고 생각한다. 누가 될지 모르겠지만."이라고 문재인 구도를 타파하겠다는 의도로 답했다.

또한 이재명은, 문재인 중심의 민주당 주류에 대해 "예를 들면 지금까지는 여의도를 중심으로 한 정치기득권자들이 그룹을 나눠가지고 거기서 많이 차지하는 쪽이 국민을 동원하고, 국민은 끌려가는 방식으로 정치가 이뤄져 왔다면 이제는 이게 완전히 역전이 돼서 국민대중들이 서로 정보를 교환하고 정치적 힘을 키운 다음에 정치를 동원하는 상태로 바뀌었다."라고 했다. 그리고 "대표적인 케이스가 미국의 버니 샌더스(Bernie Sanders) 같은 현상이다. 트럼프도 사실 비슷하고. 또 여야의 입장과 다르게 국민들이 다른 선택을 했다."라며 자신감을 나타냈다.

이재명의 이 같은 입장은, 그가 문재인 중심의 민주당 흐름을 기존의 대의정치와 정당을 중심으로 하는 여의도정치에 대한 비판과 같은 시각에서 보고 있다는 것이다. 즉 문재인 중심의 흐름을 정치 기득권세력으로 보고 있다는 것이다. 그리고 자신은 이들 주류 정치와 달리 미국의 버니 샌더스 현상이나 트럼프 현상을 일으켰던 비주류 정치처럼, '국민'을 중심으로 하는 '국민직접정치'와 SNS를 매개로 인민에게 직접 호소하는 정치를 추구한다는 것을 극명하게 보여 주었다

이재명의 정치행태가 얼마나 대의정치와 정당정치를 주류 기득권정치로 프레이밍하여 혐오하고, 그 대안으로 국민직접정치를 선호하고 이를 선동하는지는 2016년 11월 9일 트럼프가 미국 대통령으로 당선된 결

과에 대한 입장 표현에서 극명하게 드러난다.

이재명은 트럼프의 당선에 대해 "심각한 불평등과 불공정을 낳은 기득권 정치세력과 정치인에 대한 미국민의 사실상 탄핵"이라고 평가했다. 이재명의 이런 인식은 트럼프가 부동산 재벌도, 부자 기득권층도 아닌 것처럼 인식하고 있다는 점에서, 자신의 인기 상승을 위해서는 좌파든 우파든 구별하지 않는다는 점에서 포퓰리스트로서 자신의 특성을 극명하게 보여 주고 있다(조은정 2016).

또한 이재명은 좌파 포퓰리스트의 시각에서 "스마트폰으로 무장하고 네트워크로 조직화된 대중은 불의한 세상을 바꾸겠다는 주체적 의지를 행동으로 나타내고 있으며 우리나라도 예외가 아니"라고 했다. 또한 그는 "혁명적 변화와 대통령 퇴진이라는 국민 요구를 외면한다면 정치권은 국민심판 쓰나미에 직면할 것"이라고도 했다.

이재명의 이러한 발언들은 청와대와 여당은 물론 야당에 대해서도 기득권 정치세력으로 보고 싸잡아 비판하는 것이며, 자신의 포퓰리스트적 지론인 기득권 타파를 일관되게 추구하고 있다고 볼 수 있다. 그러나 이재명 본인은 기득권자가 아니라고 말할 수 있는가? 이러한 의문이 들 만큼, 기득권의 개념과 범위가 지나치게 애매하거나 모호해서 적법한 절차를 통해 부와 권리를 획득한 사람들까지 인민재판식으로 피해를 입을 가능성이 크다.

이재명의 정치행태는 기득권 타파를 주장하지만, 과연 민주적 기본질서를 강조하는 헌법적 질서 안에서 어떻게 기득권을 타파할 것인지에 대해 숨겨진 의도를 제시하지 않은 채, 국민의 혁명적 변화라는 인기영합적 선동을 반복한다는 점이다. 이재명 본인은 아웃사이더이며 변방이라고 포장하고 있지만 변호사, 성남시장으로서 그의 발언을 무시할 수 없으며, 연봉을 1억 가까이 받는 사람을 기득권자가 아니라고 하기에는 가난한 빈곤층의 입장에서 납득하기 어려운 것으로 보인다.

이상과 같이, 이재명은 여야를 막론하고 대의정치와 정당을 주류 기득권정치세력으로 프레이밍하고, 이를 혐오하고 비판하면서 그에 대한 대안으로 SNS를 통한 사회주의적 혁명 조치라는 의도를 숨기고 국민의 혁명적 변화라는 다른 표현으로 포장하고 그것을 통해 인민에게 호소하는 것을 일관성 있게 보여 주고 있다. 이런 점을 통해 볼 때, 이재명의 정치행태는 〈표 1〉과 〈표 2〉에 나와 있는 포퓰리스트의 전형적 특성에 부합한다는 점에서, 그를 좌파 포퓰리스트라고 보는 데 무리가 없다고 본다.

#### 4) 숙의와 토론이 부재한 선동의 단순화 추구

포퓰리스트로서 이재명의 정치행태는 숙의와 토론보다는 '선동을 통한 단순화'를 추구해 왔다. 이재명은 주류 정치엘리트에 대한 적대감과 불신의 분위기를 불러일으키는 '단순화를 통한 선동'을 자신의 주특기이자 주무기로 활용하고 있다.

이것은 최근 일부 대선주자 여론조사에서 이재명의 지지율이 10%대를 넘어 강세를 나타내고 있는 배경으로도 확인된다. '성남의 트럼프'로 불릴 만큼 단순하면서도 강도 높은 강경 발언을 해 온 이재명이 상승세를 타자 다른 야권 주자들까지 이런 효과를 노리고 강성 경쟁을 하는 기이한 현상에서도 확인된다.

이재명은 최순실 파문이 본격화한 지난 2016년 10월 24일부터 페이스북을 통해 "내가 이런 저급한 자들에게 지배당하고 있었다니, 박근혜도 아니고 순실이라니" 같은 단순하면서도 직설적인 강경 발언을 시작했다. 동년 11월 2일에는 "(대통령이) 빰 맞고 화난 주인(국민)에 발길질까지… 패륜 머슴 대통령은 인사할 때가 아니라 수사받을 때"라고 했다.

이재명은 라디오에 출연해 "정치인들이 왜 탄핵을 하지 않겠다고 빠지는지 이해가 안 된다."고도 했다. 이에 대해 지지층은 인터넷에서 "성남의 트럼프다." "노무현이 생각난다."라는 반응을 보였다. 검정고시 출신 변호사인 이재명은 대표적 정치 이력이 '정당 부대변인'이 전부일 만큼 무명에 가까웠지만, 이런 '단순화를 통한 선동전략'이 인기의 바탕이 되었다.

이재명의 지지율은 최순실 게이트 이슈에 단순하고 선명하게 대응하면서 상승 탄력을 받았다. 그는 박 대통령이 첫 번째 대국민사과를 한 이튿날인 10월 26일 "대통령은 하야(사퇴)해야 한다."라는 주장을 내놓고 탄핵 촛불집회에도 적극적으로 참여했다. 이어 "박 대통령은 하야 아닌 탄핵 대상"이고 "새누리당은 수습 아닌 해체를 해야 한다."라며 단순화를 통한 초강경 발언으로 지지율을 끌어올렸다.

### 5) 카리스마적인 아웃사이더 리더십 추구

이재명은 주류에 반대해 온 아웃사이더 기질과 논리성을 겸비한 변호사로서 카리스마적 성향을 혼합하여 '치밀한 포퓰리스트'를 추구해 왔다. 이재명은 아웃사이더라는 태생적인 한계로 인해 저돌적으로 주류에 반대하는 방식으로 발전할 수밖에 없었다. 따라서 논란의 한가운데로 뛰어드는 그의 행태는 '노이즈마케팅'으로 폄하되기도 하지만 그 속에 그의 치밀한 계산이 깔려있다고 보는 것이 적절하다.

이재명은 자신의 튀는 언행에 대한 주위의 '걱정반 경계반' 지적을 받을 때마다 "일개 변방장수가 튀지 않으면 누가 쳐다나 봅니까?"라고 화답하곤 했다. 그는 이렇게 '튀지 않으면 벼룩이 아니다.'라는 '벼룩생존법'을 인용하기도 했다. 문재인, 안철수 등 유력 주자들과 비교할 때 낮은 인지도와 언론 노출 빈도 등을 만회하기 위해서는 튈 수밖에 없다는 게 '벼룩론'의 요체다. 비주류 아웃사이더로서 거침없는 돌직구 화법과 조롱코드는 이재명의 트레이드마크가 될 수밖에 없었다.

이재명은 가난과 싸워 온 빈민 출신의 변호사라는 것을 알리면서 자신을 공격하는 논리에는 정면돌파를 하는 데 익숙하다. 그는 직설적이고 공격적인 화법을 사용한다. 그리고 SNS에서는 국민들의 '울분'을 대변하는 '올곧은' 지도자 이미지로 메이킹하는 것을 일찌감치 선택했다.

이재명의 정치행태는 중앙정부와 경기도, 때론 청와대와 충돌을 불사하는 돈키호테식 저돌성으로 화제를 모은 바 있다. 그는 독재와 격렬하게 싸워 온 사람이 가지게 되는 독재적인 성향과 중앙정부와의 저돌적인 충돌에서 드러나고 있듯이, 논리적인 카리스마에 의존하면서도 아웃사이더적인 기질이 강하다.

## 4. 이재명 급부상의 원인 분석

### 1) 이재명 부상의 여론조사 현황과 특성

〈그림 1〉처럼, 여론조사기관인 알앤써치가 100% 무선방식으로 실시한 11월 셋째 주 정례조사에 따르면, 줄곧 5~8%의 지지를 받아 중위권에 머물던 이재명의 지지율이 전주 대비 1.3%P 상승한 10.9%를 기록하면서 상위권 빅3 반열에 올랐다(정찬 2016).

그동안 차기 대권주자 지지율은 문재인 전 더불어민주당 대표, 반기문 유엔 사무총장, 안철수 전 국민의당 대표 순이었다. 하지만 이재명은 박근혜 대통령 퇴진 촛불국면에서 반기문과 안철수 사이를 비집고 들어가 10.9%로 3위에 올랐다. 문재인 전 대표가 22.1%로 1위를 유지했고, 반 총장이 18.1%로 2위를 지키고 있다. 그동안 3위를 차지했던 안 전 대표는 8.1%로 4위로 밀려났다.

〈표 3〉처럼, 이재명의 지지도를 연령대별로 문재인과 비교해 보면 다음과 같다. 19세 이상 20대에서 문재인 25.0%, 이재명 19.2%를 얻어 지지율의 차이가 두드러지지 않는다. 30대에서는 문재인 30.5%, 이재명 14.9%를 얻어 격차가 벌어지고는 있지만 여전히 높은 지지율을 보이고

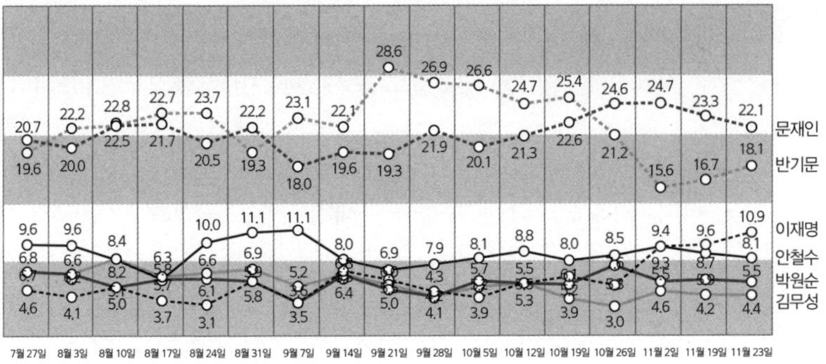


〈그림 1〉 대권주자 중 이재명의 지지율(2016년 11월 16일 현재)

*출처: 알앤써치 정기 여론조사 재구성.7

있다. 40대에서 문재인 28.8%, 이재명 12.7%를 얻어 여전히 비슷한 격차를 보이고 있다. 그러나 50대에서 문재인 18.5%, 이재명 8.0%를 얻어 이재명이 자신의 평균 지지도 이하로 떨어졌다. 60대 이상에서는 문재인 10.4%, 이재명 2.3%를 얻어 이재명이 최하의 지지율을 보였다.

이재명의 지지도를 지역별로 문재인과 비교해 보면 다음과 같다. 서울에서 문재인 26.3%, 이재명 12.0%, 경기/인천에서 문재인 21.9%, 이재명 12.2%로 이재명이 수도권에서 상대적으로 높은 지지율을 보였다. 부산/울산/경남에서도 문재인 21.5% 이재명 13.1%로 이재명이 선전했다. 대구/경북에서는 문재인 18.6% 이재명 7.4%로 이재명이 자신의 평균 지지율 이하로 하락했다. 충청권에서도 문재인 25.5% 이재명 5.2%로 이재명이 자신의 평균 지지율 이하를 보였다. 호남권에서는 문재인 18.9% 이재명 10.1%로 이재명이 10%대 지지율로 문재인을 추격하고

7. 조정한. "이재명 '촛불민심' 영향으로 지지율 Big3 진입." 데일리안(11.16.).

있다.

이재명의 지지도를 정당지지층별로 문재인과 비교해 보면 다음과 같다. 민주당 지지층에서는 문재인 51.6% 이재명 13.5% 지지율을 보여 문재인과의 격차가 매우 크다는 점에서 이재명이 상대적으로 민주당의 지지를 받고 있지 못함을 알 수 있다. 정의당 지지층에서는 문재인 29.4% 이재명 33.5%로 이재명이 문재인보다 더 높은 지지를 받고 있다. 무당층에선 문재인 11.2% 이재명이 12.3%로, 이재명이 문재인을 근소하게 앞서고 있다.

이상으로 이재명 지지자의 특성을 요약해 보면 연령대별로는 20대, 30대, 40대에서 10%대 이상의 지지를 골고루 받고 있으며, 지역별로는 수도권과 호남권에서 10%대 이상의 지지를 받고 있다. 정당별로는 민주당보다 정의당과 무당층에서 더 많은 지지를 받고 있다.

특히, 이재명이 정당별 지지도에서 민주당(13.5%)보다 정의당(33.5%)과 무당층(12.3%)에서 문재인을 앞서 더 많은 지지를 받고 있는 점은 그의 좌파 포퓰리스트로서의 특성을 보여 주고 있다. 즉 이것은 이재명의 주된 지지층이 자신이 소속된 민주당을 지지하는 중도 성향의 지지자들이 아니라 진보좌파 성향의 지지자와 정치에 무관심하거나 기성정치를 혐오하는 무당층이라는 점에서, 비주류 아웃사이더의 기질을 가지면서 정치기득권층과 경제기득권층의 타파를 주장하는 좌파 포퓰리스트로서 이재명의 정체성을 확인시켜 주고 있다.

또한 이재명의 주된 지지층이 민주당보다 정의당과 무당층이라는 점은, 좌파 포퓰리스트의 정체성을 가진 대선후보로서 이재명이 당내 경

〈표 3〉 차기 대선후보 중 이재명 지지도(2016년 11월 16일 현재)

| | | 조사 완료 사례 수 | 목표 할당 사례 수 | 차기 대선후보(단위: %) | | | | | | | | | | | | |
|---|---|---|---|---|---|---|---|---|---|---|---|---|---|---|---|---|
| | | | | 김무성 | 김부겸 | 남경필 | 문재인 | 박원순 | 반기문 | 손학규 | 안철수 | 안희정 | 오세훈 | 유승민 | 이재명 | 지지후보 없음 |
| 전체 | | 1135 | 1135 | 4.4 | 1.2 | 1.8 | 22.1 | 5.5 | 18.1 | 3.6 | 8.1 | 3.8 | 2.7 | 3 | 10.9 | 14.6 |
| 연령 | 19세 ~20대 | 206 | 201 | 2.5 | 0.4 | 1.3 | 25 | 6.6 | 13 | 2.3 | 6.9 | 2.4 | 2.2 | 3.1 | 19.2 | 15 |
| | 30대 | 194 | 205 | 0.4 | 1.9 | 1.8 | 30.5 | 6.5 | 11.6 | 0.9 | 7.4 | 3.4 | 2.2 | 3.5 | 14.9 | 15.1 |
| | 40대 | 250 | 237 | 1.8 | 0.4 | 1.8 | 28.8 | 6.5 | 9.8 | 2.7 | 9.6 | 5.3 | 3.2 | 1.9 | 12.7 | 15.4 |
| | 50대 | 252 | 225 | 5.3 | 1.7 | 1.5 | 18.5 | 3.3 | 24.5 | 4.2 | 6 | 5.5 | 4 | 3.8 | 8 | 13.8 |
| | 60세 이상 | 233 | 267 | 10.4 | 1.7 | 2.5 | 10.4 | 4.8 | 29 | 7 | 10.2 | 2.4 | 2.1 | 3 | 2.3 | 14 |
| 성별 | 남성 | 689 | 562 | 4.5 | 1.5 | 2.7 | 23.5 | 5.4 | 16.1 | 4.4 | 7.6 | 4 | 3.1 | 2.4 | 12.2 | 12.7 |
| | 여성 | 446 | 573 | 4.3 | 1 | 1 | 20.7 | 5.6 | 20.1 | 2.9 | 8.6 | 3.7 | 2.4 | 3.6 | 9.6 | 16.5 |
| 지역 | 서울 | 238 | 224 | 4.2 | – | 2.5 | 26.3 | 5.2 | 15.9 | 3.2 | 6.2 | 3.6 | 2.4 | 2.8 | 12 | 15.6 |
| | 경기/인천 | 367 | 336 | 3.8 | 1.8 | 1.8 | 21.9 | 5.4 | 17.8 | 4.9 | 8.6 | 5.4 | 3 | 1.6 | 12.2 | 11.6 |
| | 대전/충청 /세종 | 107 | 118 | 1.2 | 0.8 | 3.1 | 25.5 | 7.4 | 23.3 | 0.8 | 6 | 8.7 | 1.9 | 3.2 | 5.2 | 12.7 |
| | 강원/제주 | 53 | 48 | 6 | – | 3.5 | 13.3 | – | 16.9 | 1 | 6.5 | 1 | 1 | 1.4 | 11.9 | 37.5 |
| | 부산/울산/ 경남 | 153 | 178 | 8.7 | – | 2 | 21.5 | 3.1 | 19.8 | 2.4 | 5.5 | 1.4 | 4.8 | 3.8 | 13.1 | 14 |
| | 대구/경북 | 109 | 116 | 3.6 | 4.8 | – | 18.6 | 3.3 | 25.4 | 3.4 | 6.8 | 2.4 | 2.5 | 5.5 | 7.4 | 16.3 |
| | 전남/광주/ 전북 | 108 | 115 | 2.8 | 1.2 | – | 18.9 | 12.5 | 8.6 | 6.8 | 19.2 | 1.1 | 1.3 | 4.3 | 10.1 | 13.3 |
| 지지 정당 | 새누리당 | 207 | 214 | 13 | 1.6 | 3.9 | 4.5 | 0.3 | 44 | 2.5 | 2.2 | 2.2 | 7.7 | 2.3 | 1.9 | 14 |
| | 더불어 민주당 | 350 | 339 | 0.4 | 1.4 | 0.5 | 51.6 | 9.3 | 4.7 | 2.7 | 3 | 4.2 | 0.5 | 2.5 | 13.5 | 5.9 |
| | 국민의당 | 145 | 142 | 3 | 2.9 | 1.6 | 4.9 | 9.2 | 7.3 | 5.7 | 39.7 | 4 | – | 2 | 5.9 | 13.8 |
| | 정의당 | 58 | 54 | – | 1.5 | – | 29.4 | 5.3 | 6.1 | 3.1 | 6.7 | 9.3 | – | – | 33.5 | 5.1 |
| | 지지 정당 없음 | 375 | 385 | 4.1 | 0.2 | 2.2 | 11.2 | 3.7 | 21.3 | 4.4 | 4.5 | 3.6 | 3.4 | 4.7 | 12.3 | 24.4 |

*출처: 알앤써치 여론조사.

쟁과 경선구도에서 승리하거나 유리한 정치 환경을 만들기 위해 그가 향후 선택할 권력자원 그리고 전략과 전술에 대한 선택지를 예측하는데 충분하지는 않지만 중요한 판단자료를 제공해 주고 있다.

### 2) 이재명 급부상의 원인

그렇다면, 좌파 포퓰리스트로서 이재명이 급부상했던 원인은 무엇일까? 여러 요인이 있겠지만 박근혜 대통령 퇴진 촛불국면에서 민중의 분노에 영합하는 민주주의적 덕성과 절제심이 부족한 좌파 포퓰리스트로서 선동능력과 조직화능력의 관점에서 분석하는 것이 적실성이 크다고 하겠다. 다음 네 가지 요인이 핵심이라 볼 수 있다.

첫째는 박근혜-최순실 게이트에서 드러난 정치권력과 재벌권력의 부패, 비리에 대한 분노와 그것에 제대로 대처하지 못하거나 수습하지 못하는 제도권정치에 대한 국민들의 극한 정치 불신과 정치 혐오 요인이다. 둘째는 민중의 분노에 영합하기 위한 '선명성과 강경 노선을 선동하는 단순화전략'의 성공요인이다. 셋째는 이재명을 지지하고 대중 선동을 지원하는 SNS 커뮤니티 조직인 '손가락혁명군'과 '이재명과 함께하는 십만대군' 등을 통한 효과적인 대중선동전략의 성공요인이다. 넷째, 통합진보당 해산 이후 흩어졌던 진보좌파 지지층을 자신의 지지기반으로 조직화하는 데 효과적인 방식을 사용한 '전략적 극단주의 노선'의 성공요인이다.

첫째 정치 불신, 정치 혐오 요인과 관련하여, 우리 정치는 오랫동안 계파별, 당파별 당리당략으로 반대를 위한 반대를 일삼는 '거부권정치(vetocracy)'와 극단적인 진영논리로 중간지대가 사라지는 '정치적 양극화(political polarization)'로 인해 대화와 타협이 되지 않고, 민생과 경제를 살피지 못하는 정치 무능과 부정부패에 익숙해 있다. 이런 제도 정치권의 정치 무능과 부패는 좌우파 포퓰리스트들이 자라고 득세하는 데 좋은 환경이 된다.

둘째 요인과 관련해서, 이재명은 2016년 11월 21일 문재인 등이 일각에서 제기했던 박근혜 대통령에 대한 '명예퇴진론'과 관련, "무슨 명예퇴진이냐. 청와대를 나오는 순간 바로 구치소로 보내야 한다."라는 글을 자신의 페이스북에 올려 네티즌과 지지자들로부터 시원한 사이다발언이라는 평을 받았다.

김미현 알앤써치 소장은 이재명 부상의 원인에 대해 "이재명 시장은 다른 대선주자 중 가장 먼저 하야를 요구하며 이슈를 선점한 바 있다."라며, "이러한 발언이 박 대통령에 대한 저항감이 강한 20~40대의 지지를 끌어낸 것으로 보인다. 10%라는 지지율 자체만으로도 의미가 있지만 안철수 전 대표를 제쳤다는 것도 주목할 만하다."라고 분석했다(전형민 2016).

셋째 요인과 관련해서, 이재명의 급부상 뒤엔 '손가락혁명군', '이재명과 함께 하는 십만대군' 등 온라인 팬클럽의 조직적인 지원이 있었다(최선재 2016). 이들 온라인 팬클럽은 제2의 노사모를 꿈꾸는 커뮤니티로 이재명을 막후에서 지원하고 있다. 이들은 페이스북·트위터 등에서 이재명에 관한 글을 올리거나 토크 콘서트를 따라다니는 열성 지지자들이다. 지금껏 손가락혁명군들의 주축은 이재명의 팬클럽 이사모(이재명을 사랑하는 사람들)였다. 이들의 주 활동 무대는 페이스북과 트위터이며, 이재명의 페이스북 팔로워 숫자는 18만 2,717명이다.

손가락혁명군의 활약은 트위터상에서도 두드러지고 있다. 이재명의 트위터 팔로워는 30만 5,237명이다. 이재명이 2016년 11월 16일 "이재명 지지율 10.9%, 빅3 첫 진입했다."라는 기사를 인용한 순간 손가락혁명군들은 기사를 리트윗했다. 손가락혁명군의 한 회원은 "대권주자들이 시장을 따라하고 있다. 시장님은 소신껏 의사를 펼치는 반면 다른 야권주자들은 관망하고 있다. 축하할 일이다."라는 댓글을 달았다. 또 다른 회원은 "우리는 이재명호, 청와대로 가고 있다고 전해라."라며 자신감을 드러냈다.

넷째 요인과 관련해서, 이재명은 자신의 핵심지지층 결집과 조직화를 위해 오래전부터 선택과 집중전략을 사용해 왔다. 이재명은 통합진보당 해산 이후 흩어진 진보좌파 성향의 지지층을 전략적 극단주의전략을 통해 결집시키는 데 일정 정도 성공을 했다. 그는 아웃사이더 기질을 통해 강경한 극단노선을 선동하여 제2의 노무현 이미지 만들기와 제2의 샌더스 이미지 만들기에 힘썼으며, 그런 전략을 통해 자신의 지지그룹을 결집시켜 왔다.

이재명의 전략적 극단주의전략이란 문재인 후보가 구사하고 있는 진보층의 결집 후 중도층으로의 외연 확대와 달리 더욱더 좌쪽 극단화를 추구하는 전략을 말한다. 즉 더욱 선명하고 강경한 언사와 행동을 통해 기존 제도권정치에 등을 돌린 정치 무관심층과 정치를 혐오하는 무당파층 그리고 소련식의 사회주의나 북한식의 사회주의를 추구했던 진보좌파층을 더욱 극단적인 방식으로 동원하고 조직화하는 전략이다. 이재명의 이런 전략적 극단주의는 최근 박근혜-최순실 게이트 국면에서 드러난 강경한 민심의 분노 속에 들끓는 진보좌파층의 욕구와 잘 부합한 것으로 보인다.

## 5. 소결

포퓰리즘과 포퓰리스트들의 대두와 득세는 글로벌 현상이다. 제도권 정치에 대한 국민의 불신과 정치 혐오, 좌우 복지포퓰리즘 공약의 남발, 최순실-박근혜 게이트 정국에서 대선후보들 간 강경 노선 경쟁 등을 볼 때, 우리나라에서도 포퓰리즘이 등장할 가능성은 매우 크다. 포퓰리즘과 포퓰리스트들의 급부상 가능성은 한국 민주주의의 발전과 성숙을 위협할 뿐만 아니라 민심의 향방을 가늠하는 이후 선거의 정치 구도와 공약 경쟁에도 악영향을 미칠 가능성이 매우 크다.

하지만 현실정치에서 포퓰리즘과 민주주의, 포퓰리스트와 민주주의자를 구별하기란 쉽지 않다. 이 문제는 여전히 이론적인 수준의 논쟁 사항으로, 많은 열린 토론이 필요하다. 19대 대선을 앞두고, 포퓰리스트로서 이재명의 정치행태와 급부상의 원인을 분석하는 것은 시론적으로는 의미가 있지만 많은 한계를 가질 수밖에 없다. 이에 대한 접근은 논란과 논쟁사항으로 많은 반론과 토론을 통해, 포퓰리즘에 대한 논의가 좀 더 활성화될 수 있을 것이다.

이 글은 많은 한계에도 불구하고, 좌파 포퓰리스트로서 이재명의 정치행태로 ① 적과 우리의 이분법으로서 법 위의 사회주의 성향의 정책을 추구해 왔다는 점, ② 대의정치와 정당보다는 국민직접정치와 SNS를 매개로 한 인민주의 호소를 추구해 왔다는 점, ③ 숙의와 토론보다는 선동을 통한 단순화를 추구해 왔다는 점, ④ 주류 정치에 반대해 온 아웃사이더 기질과 카리스마적 성향의 리더십을 추구해 왔다는 점을 분석하였다.

# • 참고문헌 •


권호. 2018. "이재명, 난 포퓰리스트…시 수익 1800억 시민에 현금배당할 것." 중앙일보(1.29.).

마키아벨리. 강정인·안선재 역. 2009. 『로마사 논고』 서울: 한길사.

뮐러, 얀 베르너. 노시내 역. 2017. 『누가 포퓰리스트인가–그가 말하는 국민 안에 내가 들 어갈까』 서울: 마티.

박귀성. 2017. "이재명 시장, 나는 악동 포퓰리스트 맞다!." 뉴스앤뉴스(12.24.).

서병훈. 1988. "포퓰리즘의 이념적 위상." 『한국정치학회보』 22(1). pp.43–65.

서병훈. 2004. "포퓰리즘과 민주주의: 플라톤의 딜레마." 철학연구회 편. 『디지털 시대의 민주주의와 포퓰리즘』 pp.225–255.

서병훈. 2008. 『포퓰리즘 현대 민주주의의 위기와 선택』 서울: 책세상.

에드워즈, 세바스티안. 이은진 역. 2012. 『포퓰리즘의 거짓 약속 라틴아메리카 희망에서 좌 절의 대륙으로』 서울: 살림Biz.

이윤정. 2016. "블룸버그 '한국의 버니 샌더스? 포퓰리스트 이재명'." 경향신문(11.25.).

전형민. 2016. "이재명 시장 대선후보 3위 '야권의 블랙홀'." 데일리안(11.9.).

정찬. 2016. "[알앤써치] 문재인 22.1%>반기문 18.1%>이재명 10.9%>안철수 8.1%." 폴리 뉴스(11.16.).

조기숙. 2016. 『포퓰리즘의 정치학』 서울: 인간사랑.

조영환. 2016. "조선, '最惡 포퓰리즘 보여 준 성남시장' 이재명 시장 '상품권 거래는 일베 회원의 조작'." 올인코리아(1.23.).

조은정. 2016. "이재명 '트럼프 승리는 기성정치에 대한 탄핵'." CBS노컷뉴스(11.9.).

주정립. 2010. "포퓰리즘과 민주주의." 『 민주주의 강의 4』 서울: 민주화운동기념사업회.

채진원. 2014. "북한 참주정의 변혁·보존·개선에 관한 '엄밀한 인식'과 한국정체의 대응." 『동향과 전망』통권 91호. pp.94–135.

채진원. 2015. "정당민주주의 수호를 위한 공화주의적 방어: 독일과 한국의 위헌정당해산 비교논의." 『한국정치학회보』제49집 제4호(9월). pp.241–266.

채진원. 2016. 『무엇이 우리정치를 위협하는가–양극화에 맞서는 21세기 중도정치』 서울: 인물과 사상사.

최선재. 2016. "이재명 급부상 뒤엔 '손가락혁명군' 지원사격 있다." 일요신문(11.17.).

토도로프, 츠베탕. 김지현 역. 2012. 『민주주의 내부의 적』 서울: 반비.

황윤정. 2016. "빌 그로스 '포퓰리즘이 집권…美 노동자들의 큰 실수'." 뉴스1(11.17.).

Aristoteles. 천병희 역. 2009. 『정치학』 서울: 숲.

Canovan, Margaret. 1981. *Populism*. London: Junction.

Krouwel, André and Koen Abts. 2007. "Varieties of Euroscepticism and Populist Mobilization: Transforming Attitudes from mild Euroscepticism to harsh Eurocynicism." *Acta politica*. 42(No. 2). 252-270.

Marquis, Childs. 1936. *Sweden: The Middle Way*. New Haven.

Mudde, Cas. 2007. *Populist Radical Right Parties in Europe*. Cambridge: Cambridge.

Shils, Edward. 1956. *The Torment of Secrecy: The Background and Consequences of American Security, Policies*. Glencoe, Ill.: Free Press.

Taggart, Paul. 2000. *Populism*. Buckingham·Philadelphia: Open University Press.

## 제4장

# 남남갈등에서
# 좌우 극단주의
# 노선과의 차이

## 1. 남남갈등의 재현, 해법의 실마리는 어디서?

김대중 정부, 노무현 정부, 이명박 정부, 박근혜 정부에서 대북정책과 외교안보정책을 놓고 벌어진 보수와 진보 진영 간의 정파적·이념적 갈등은 매우 심각한 정도에 이르렀다. 이것은 어느 사이에 '남남갈등' 혹은 '정치적 양극화(political polarization)'란 말로 일반화되었다.

지난 2014년 10월 4일 인천 아시안게임 폐막식을 앞두고 전격 방문한 황병서 군총정치국장을 비롯한 북측 대표단의 방문을 놓고 이념 갈등이 재연되었다. 동년 10월 7일 열린 국회 외교통일위원회의 국정감사장에서 여야 의원들이 하나같이 천안함 폭침에 따른 대북 교류 중단조치인 '5·24조치' 해제를 촉구했다.

하지만 동년 10월 8일 민간 싱크탱크인 아산정책연구원(이하 아산연)

은 5·24조치 유지를 강력하게 주문하였다. 아산연은 황병서 등 북한 고위급의 방남 추진에 대해서 북한이 남남갈등을 초래해 한국의 대북정책을 바꾸려는 시도라고 분석했다. 또한 아산연은 '원칙 있는 대북정책'의 유지를 주문하면서 우리가 남남갈등의 술책에 이끌려 북한 비핵화를 포기하는 것만 아니라 국제사회의 비핵화 압력을 방해하는 역할까지 하면 안 된다고 주장했다(박희준 2014).

2016년 연초부터 북한이 핵실험과 미사일 발사 등의 무력도발을 감행하자 정부는 개성공단 전면 폐쇄와 사드배치 논의 및 제재조치 강화 등 강경책으로 맞섰다. 박근혜 대통령은 '북한 정권의 체제 붕괴' 등을 언급하며 강력하고 실효적인 대북 압박조치의 불가피성을 주장하였다. 그러자 정부의 개성공단 폐쇄와 안보리 압박노선을 놓고 국론이 찬성과 반대로 분열[1]되었고(김동현 2016), 진보와 보수 진영 간의 남남갈등이 재연되었다. 불과 1년 전과 정반대의 상황이 벌어진 것이다.

2015년 1월 6일 박근혜 대통령은 신년기자회견에서 "'통일은 대박'이라고 생각한다. 한반도의 통일은 우리 경제가 실제로 대도약할 기회다."라는 '통일대박론'을 제시하였다. 이 통일대박론은 남과 북이 통일된다면 한국이 경제적으로 엄청난 이익을 얻을 수 있다는 희망론으로 연계되었다. 그런데 이러한 희망론이 불과 1년 만에 정반대의 극에서 극으로

1. 우리 국민의 56.6%는 개성공단 폐쇄에 찬성하고 있음에도 불구하고 '재가동' 필요성을 인식하고 있는 것으로 나타났다. 2016년 2월 15일 중앙일보에 따르면, 중앙일보 조사연구팀이 전국 성인 남녀 1000명을 상대로 13~14일 실시한 긴급 현안 여론조사 결과, 개성공단 재가동 여부를 묻는 질문에, '필요하다'는 답은 56.6%로, '필요하지 않다'는 답(40.9%)보다 많았다. 개성공단 재가동이 필요하다는 주장은 호남지역(찬성 73.5% 대 반대 24.8%)에서 압도적으로 높았다. 정부여당의 텃밭인 TK(대구·경북)에서도 과반인 50.4%가 재가동에 찬성했다.

전개된 것이다.

남북갈등의 개선과 한반도의 통일 그리고 한반도와 동북아의 평화체제 구축은 우리가 당면한 사활적인 문제이자 과제이다. 이런 사활적인 문제를 해결하기 위해서는 좀 더 일관되고 장기적인 비전과 로드맵하에서 국민적 합의에 기반한 정부의 바람직한 대북·대미정책과 주변부 외교정책이 필수적이다.

그러나 유감스럽게도 우리는 정권을 누가, 어느 당이 잡느냐에 따라 외교정책이 달라졌던 게 사실이고, 정책에 대한 일관성을 잃고 내부가 갈등과 대립으로 분열해 왔던 것 또한 사실이다. 따라서 우리의 당면 문제를 해결하기 위해서 우선 남남갈등의 문제를 깊게 인식하고 국민적 합의를 도출하는 것이 필요하다.

남남갈등이란 일반적으로 북한문제와 대북정책, 한미관계 등 외교정책에 대한 시각 차이를 놓고 남한 내부가 보수와 진보라는 이분법적 진영으로 분열하고 갈등하는 현상을 말한다(박홍원 2004). 여기서 '남남'이라는 개념은 '남북'에 대한 대칭적 표현으로 탄생했다는 점에서 남남갈등은 기본적으로 남북갈등을 전제로 한다(조한범 2006).

남남갈등의 대표적인 예는 다음과 같다. 노무현 정부 시기 갈등으로는 미군을 성토하는 촛불시위와 반핵·반김 국민대회, 미군철수를 주장하는 장갑차 시위와 미군철수를 결사적으로 반대한 시청집회 등이 있다. 그리고 이명박 정부 시기 갈등으로는 대북전단을 살포하려는 보수 시민단체와 이를 막으려는 진보 시민단체 간의 극한 대립이 있다.

김대중 정부의 햇볕정책을 계승한 노무현 정부의 대북정책을 두고 보수 진영은, 북한의 대남정책이 아직도 적화통일의 기본 노선을 유지하고 있다는 전제하에, 정부의 대북 유화정책이 지나치게 일방적이고 조급한 인식을 가지고 있다고 평가하였다. 그에 비해 진보 진영은, 북한이 이미 평화 공존은 물론 사실상 대외개방의 길로 접어들었다는 전제하에, 좀 더 능동적으로 협력과 유화정책을 추진해야 한다는 입장을 견지했다.

노무현 정부와 이념적 거리를 두고 있는 이명박 정부의 대북정책을 놓고 진보 진영은, 금강산 사건, 천안함 사건, 연평도 포격사태 등은 이명박 정부의 적대적인 남북관계가 가져온 필연적인 결과라 진단하고, 적대적인 대북정책을 즉각 수정할 것을 요구했다.

이에 반해 보수 진영은 북한의 도발 사태에서 북한의 만행이 드러난 만큼, 북한의 김정일 정권을 붕괴시켜야 한다고 주장하면서, 이를 위해 군사공격까지는 아니더라도 북한을 경제적으로 압박하여 핵무기 개발을 포기하도록 해야 한다고 주장했다.

이와 같이 남남갈등으로 드러난 각 진영의 첨예한 시각 차이는 일반 국민들에게 오히려 많은 혼란과 갈등을 주고 있다. 이러한 현재의 남남갈등은 자신의 입장만을 일방적으로 주장하거나 반박하는 방식으로는 결코 해결될 수 없을 것으로 보인다. 진보 진영과 보수 진영 간의 의견 차이를 극복하기 위해 합리적인 대화와 공론의 장이 활성화되어야 한다. 그러나 상대방의 신념 구조와 프레임을 바꾸겠다는 접근은 비현실적이고 상호 증오감과 적대감만 키울 뿐이다.

그렇다면 바람직한 방법은 무엇일까? 이와 같은 남남갈등의 배경은 무엇이고, 이를 극복할 바람직한 해법은 무엇인가? 이러한 문제에 대해서학계에서 많은 논의를 한 것이 사실이다. 하지만 그간의 논의에도 불구하고, 아직까지 이에 대한 방법론적 합의는 상대적으로 부족한 상태이다.

그 이유는, 그간의 논의가 남남갈등의 현상과 그것의 문제점에 많은 비중을 두고 다루었으나, 정작 그것의 배경과 원인에 대한 경험적이고 실증적이며 적실성 있는 진단과 분석은 상대적으로 소홀함으로써, 그것과 연관된 처방에 많은 공감대를 형성할 수 없었기 때문이다(김재한 2010).

특히, 그동안 많은 선행 연구와 국민 여론조사에서 이른바, 정당 소속의 국회의원과 일반 국민들 간 이념 성향의 격차가 커졌다는 실증적 연구결과가 다수 존재하고, 역대 정부의 대북정책에 국민의 불신감이 크다는 여론조사가 다수 실재했음에도 불구하고, 이것과 남남갈등 실체의 연관성을 해명하는 데에는 상대적으로 소홀했던 측면이 있다.

어느 사회를 막론하고 갈등이 존재하지 않는 사회는 없다. 그러나 그 사회가 선진사회인가 혹은 성숙사회인가 여부는 갈등을 어떻게 이해하고 처리하며 관리하느냐가 기준이 될 수 있다. 남남갈등 역시 완전히 해소하거나 극복할 수는 없지만 심각한 사회적 분열로 증폭되지 않도록 잘 관리하는 것이 무엇보다 중요하다. 다른 사회정책들과 마찬가지로 대북정책 또는 통일정책에 대해서도 지지하는 집단과 반대하는 집단이 항상 존재한다. 중요한 것은, 국민의 공감대를 기반으로 지지하는 집단과 반대하는 집단 간의 차이를 좁히는 것이다(박길성 2007).

특히 정부, 정당, 의원, 언론, 시민단체, 지식인 등으로 표현되는 정치 엘리트층이 추진하는 대북정책에 대한 여론과 국민의 실재 의견 사이의 격차를 줄이기 위한 노력이 중요하다. 왜냐하면 대북정책의 결정 과정에 국민의 생각이 잘 반영되고 있다는 의견과 잘 반영되지 않고 있다는 의견 간의 격차가 커지거나 국민들 사이의 의견 분포를 잘못 반영할수록 남남갈등이 격화될 가능성은 더욱 커지기 때문이다.

이러한 가정은 2009년 12월 개최된 한국정치학회 연례학술대회에서 발표된 강원택 교수의 논문 「북한 이슈와 한국사회의 이념 갈등」과 이내영 교수의 논문 「한국정치의 이념 지형과 이념 갈등」에 근거하였다.

강원택(2009)은 한국사회에서 이념 갈등은 크게 느껴지는데 반해 북한 및 대미관계, 통일인식에 대한 국민여론상의 격차는 통계적으로 유의미한 차이가 나타나지 않는다는 것을 근거로 하여 한국사회에서 이념·지역 갈등은 실제보다 과장되어 인식되는 경향이 있다는 의견을 제시하였다.

또한 이내영(2009)은 일반 국민의 이념 성향은 중도로 수렴되는 추세인 반면, 의원들과 정당은 이념적 양극화가 지속적으로 진행되어 진보·보수정당의 지지자들과 이념적 차이를 해소하지 못하고 갈등을 증폭시키는 역할을 하고 있다는 견해를 제시하였다.

이들의 견해는, 민주화 이후 우리 사회에서 지역 균열과 이념 균열 모두 약화되었는데, 각종 갈등이 심각하게 계속되는 이유는 무엇이고, 그러한 현상을 어떻게 설명할 수 있을까와 관련하여 흥미로운 퍼즐을 제공해 주고 있다. 즉 진보와 보수에 대한 국민 수준의 이념 격차는 줄어들어 중도적 성향의 유권자들이 증가하고 있는데도, 각종 사회적 갈등과 이념 갈등이 심각해져 보이는, 일견 상충되어 보이는 현상이 계속되는 이유가 무엇인지를 이해하고 해결하는 데 단초를 제공해 주고 있다.

그들의 견해를 요약해 보면, 일반 국민들의 경우 전반적인 이념 성향에 있어서나 북한문제에 대한 인식에 있어서 모두 심각한 의견의 차이가 없는 것으로 나타나고 있다. 그러나 정당에 소속된 의원들의 이념 성향은 이와 다르게 격차가 심하다. 즉 그들은 정당별로 상당히 큰 입장의 차이가 있는 것으로 나타나고 있다.

결국 국민들의 이념적 성향이 정치적으로 양극화되어 갈등이 발생하는 것이 아니라 국민들의 이념 성향보다 이것을 과장하거나 조장하여 대표하는 정치인들과 정당들의 정치적 양극화와 그 동원 과정이 갈등을 더욱 증폭시키고 있는 것으로 볼 수 있다. 즉 국민과 유권자의 이익에 제대로 반응하고, 민심을 대표해야 할 이익대표체계인 정당과 의회 및 정부가 거꾸로 국민의 욕구 수준과 무관하게 자신들만의 이념 갈등을 부추겨 국민의 불신을 사고 있다(채진원 2016a).

이러한 강원택과 이내영의 논의와 주장은 그동안 역대 정부가 추진한 대북정책이 국민들의 의사를 잘못 반영했다는 평가가 지배적이었다는 점에서 볼 때, 더욱 적실성을 갖는다.

따라서 이들이 제기한 문제의식의 연장선상에 서 있는 이 글의 목적은 '정치적 양극화'에 대한 논의를 통해 남남갈등의 원인을 진단하고, 바람직한 해법을 탐색하는 데 있다. 즉 이 글은 첫째, 정치엘리트들이 이념적인 편향성을 동원(mobilization of bias)하여 국민 의식에 영향을 미치고, 그것에 영향을 받은 국민이 보수와 진보로 편을 갈라서 이념적·정파적으로 싸우게 됨으로써 남남갈등이 초래된다는 것을 이론적·경험적으로 검토한다.

둘째, 그러한 원인 진단에 따라 바람직한 남남갈등의 해법을 모색한다. 이러한 접근은 그동안 남남갈등의 원인이 진영 간의 적대적인 불인정과 소통 부족에 있고, '진영 간의 합리적인 의사소통'을 대안으로 제시했던 것에 대한 반성이다. 즉 기존의 접근은 정치적 양극화와 남남갈등을 연결시키지 못했거나, 마치 빙산의 밑을 보지 못한 상태에서 문제의 원인을 피상적으로 진단했기 때문에, 사실상 남남갈등을 진단하고 해결하는 데 많은 한계가 있을 수밖에 없었다.

이러한 반성과 목적 달성을 위해 2절에서는 '편향성의 동원'과 정치적 양극화에 대한 이론적 논의와 남남갈등의 관계를 논의한다. 3절에서는 정치적 양극화의 실체에 대한 논의를 기초로 기존의 선행 연구와 더불어 대북정책에 대한 정치적 양극화의 실체 즉, 남남갈등 이슈에 대한 정치엘리트와 국민의 격차, 부조화를 경험적으로 관찰한다. 특히, 중도 성향의 유권자들이 증가하고 있음에도 불구하고, 그것을 정부와 정당, 의원 등 정치엘리트들이 대북외교정책에 반영하지 못하는 부조화 현상을 사례로 살펴본다. 4절에서는 남남갈등의 실체가 정치엘리트에 의한 이념적 편향성을 동원한 정치적 양극화라는 이론적 주장을 경험적 자료로 확인하기 위해서 최근 국민 여론조사 자료를 통해 남남갈등의 실체에 대한 국민여론을 확인한다. 5절에서는 이 글의 한계와 의의 및 과제를 제시한다.

## 2. 이론적 논의: 정치적 양극화와 남남갈등

### 1) 정치적 양극화의 실체에 대한 논의

정치적 양극화(political polarization) 논의는 1980년대 이후 미국 정당정치의 분열과 교착현상 및 그 배경을 설명하기 위한 연구자들 간의 논쟁에서 시작되었다. 정당 간의 이념적 거리가 벌어지면서 정치 갈등이 일어나는 미국의 정치적 양극화에 대한 논의는, 여야 간의 파당적 대립과 갈등으로 연결되는 한국의 사정과 유사성이 크기 때문에 한국의 정치적 양극화에 대한 논의로 확대되고 있다(DiMaggio Evans and Bryson 1996, 693; 채진원 2012).

일반적으로 정치적 양극화란 국회와 정당을 지배하고 있는 계파 간의 파당적 대립과 이념적 갈등이 극단적으로 격화되고, 정치권과 시민사회가 진영논리로 분열이 심화되는 현상을 말한다. 정치적 양극화에 대한 정의를 조금 더 좁고 깊게 '계파정치'와 관련하여 사용하면, "정치적 양극화란 정당과 국회를 사실상 지배하고 있는 계파들 사이에서 주요 쟁점을 둘러싸고 파당적 대립과 이념적 갈등이 격화되면서 정치 전반에 대한 국민 불신이 증대되는 현상"으로 볼 수 있다(채진원 2016b).

정치적 양극화에 대한 학계의 논의는 정치적 양극화의 존재 여부와 그 원인에 대한 설명을 놓고 대체로 크게 세 가지 시각으로 나뉜다. 첫째, 제이콥슨(Jacobson)과 해커와 피어슨(Hacker and Pierson) 등이 주장하는 정치적 양극화에 대한 시각이다. 그들은 미국에 실제로 정치적 양극화가 존재하며, 그 원인은 국민 차원이 아닌 정치엘리트가 먼저 양극화를 시작하여 언론과 시민단체를 동원하면서 국민도 그것에 오염되어 사회 전반으로 양극화가 진행되었다는 시각이다(Jacobson 2000; Hacker and Pierson 2006).

둘째, 매카시 풀과 로젠탈리(McCarty Poole and Rosental 2003) 등이 주장하는 정치적 양극화에 대한 시각이다. 그들은 미국에 실제로 정치적 양극화가 존재하며, 그 원인은 소득불평등과 빈부 격차에 따른 경제적 양극화로 인해 국민들이 이분법적으로 보수와 진보로 갈라졌고, 이것이 정치권에 반영되어서 정치적으로도 양극화되었다는 시각을 갖고 있다. 즉 국민들 사이에 존재하는 경제적 양극화가 정치엘리트의 양극화를 초래한다는 시각이다.

셋째, 피오리나(Fiorina 2005) 등이 주장하는 정치적 양극화에 대한 시각이다. 그들의 시각은 사회 전반에 정치적 양극화가 존재하지 않음에도, 정치적 양극화처럼 보이는 착시가 존재한다는 것이다. 현실에서는 엘리트 수준의 정치적 양극화가 언론과 시민단체 등을 통해 국민들을 편향적으로 동원하고 있기 때문에, 마치 사회 전반에 정치적 양극화가 존재하는 것처럼 착시현상이 일어나고 있다는 입장이다.

즉 의회와 정당, 시민단체 등 정치엘리트 수준의 정치적 양극화가 존재하는 것은 사실이나 유권자들과 사회 전반에 정치적 양극화는 존재하지 않는다는 입장이다. 피오리나는, 미국 사회는 원래 이념적으로 양분되지 않았으나 정치엘리트들이 정파적·이념적 동원전략에 따라 국민들과 유권자들을 동원하고 있기 때문에 마치 유권자들이 양극화된 것처럼 착시 현상이 나타난다고 주장한다.

미국학계와 우리 학계는 아직까지 정치적 양극화의 양상과 그 원인에 대해 합치된 의견을 내지 못하고 논쟁 중에 있다. 즉 정치적 양극화가 정치엘리트 수준의 동원전략에서 시작되어 사회 각 부분으로 확산된 것인지, 아니면 반대로 빈부 격차와 같은 사회경제적 양극화가 정치엘리트 수준으로 확대된 것인지, 아니면 국민과 사회 전반 차원에서는 없거나 약한 양극화가 정치엘리트 수준에서 동원되어 초래된 것인지에 대해서 아직 논쟁 중에 있다.

그럼에도 불구하고, 한 가지 분명한 것은 한국 정치에서도 정치엘리트 수준의 정치적 양극화가 강력하게 작동하고 있다는 것에 대체로 동의한다는 것이다. 즉 정부, 정당, 지식인, 시민사회, 미디어와 언론 등 정치엘리트 수준의 양극화가 심화되고 있다는 것은 분명한 사실이다. 정치적 양극화가 작동되면 정당과 의회 내 강경파가 득세하면서 대통령과 의회관계가 교착상태에 빠지고, 의회 내 의원들 간의 협의, 협력, 타협이 힘들어진다.

이러한 상황 속에서 대통령과 정당 그리고 의원들은, 상대를 설득하기보다는 국민여론에 먼저 호소하려는 극단적 대중선동전략(going public)을 사용함으로써 상대측을 배제하고 압박하면서 자신의 지지층을 동원하게 된다. 결국 이러한 연쇄작용에 따라 정치엘리트들은 자신의 파당적 논리를 극단적으로 선동함으로써 국민 통합에 기초한 대의민주주의의 국정 운영을 더욱 힘들게 한다(남궁곤·유석진 2007).

요컨대, 정치엘리트 수준의 정치적 양극화는 미국만의 현상이 아니라 미국의 민주주의제도를 수입하여 채택하고 있는 우리나라에도 민주주의와 정당 발전 그리고 시민들의 정치 참여와 관련하여 여러 가지 흥미로운 토론거리와 시사점을 제공한다.

특히, 정치적 양극화의 배경이 지구화, 후기산업화, 정보화라는 시대상황의 변화와도 관련이 있는 만큼, 우리도 이러한 정치적 양극화의 개념을 사용하거나 응용하여, 혹은 이것과 유사한 개념을 사용하여 민주화 이후 거세지는 이념 갈등과 정파 갈등 및 유권자의 정치 불신의 실체를 설명하거나 해법을 찾을 필요가 있다(채진원 2012).

### 2) 남남갈등의 실체: 정치엘리트에 의한 갈등 동원

윤성이(2006)는 정치적 양극화라는 개념을 사용하지 않으면서도 이념 갈등의 실체를 적실성 있게 분석하였다. 그는 국민들 사이에 진보와 보수 간 이념 격차가 줄어들고 있음에도 불구하고, 이념 갈등이 심각하게 제기되는 것은 우리 사회의 이념 갈등이 실제보다 과장되게 부풀려져 편향적으로 동원되기 때문이라고 주장하였다.

즉 그는 이념 갈등이 과장되게 동원되는 것은 정치권이 자신에게 불리한 갈등은 숨기고, 유리한 갈등만을 편향적으로 부각하여 국민들을 동원하는 이른바, '편향성의 동원(mobilization of bias)'을 전략적으로 사용하기 때문이라고 분석하였다. 이 같은 윤성이의 이념 갈등에 대한 실체 분석은 남남갈등의 실체에도 그대로 적용될 수 있다는 점에서 적실성이 크다.

또한 박홍원(2001)은 남남갈등의 원인으로 언론의 '상업적 전략'과 '이념적 편향성'을 지적하였다. 그는 언론사주와 언론엘리트들이 해당 매체의 구독률을 높이기 위한 상업적 전략으로 갈등을 과도하게 강조하거나 또는 이념적 편향성을 동원하여 남남갈등을 확대재생산한다고 강조하였다. 마찬가지로 이우영(2004)도 언론의 책임론을 지적하였다. 그는 한국사회에서 국민들 사이에 나타나는 이념적 거리는 실제로 크지 않지만, 언론들이 이를 과도하게 왜곡 표출함으로써 남남갈등이 더욱 확대된다고 분석하였다.

손호철(2004)은 김대중 정부가 추진했던 대북정책의 '정치공학적 태도'가 남남갈등을 초래하였다고 분석하고 있다. 임혁백(2004)도 김대중 정부가 대북 접촉의 성과를 타 정파와 공유하지 않고 독점하려는 과정에서 남남갈등이 등장했다고 진단하였다. 또한 남궁영(2004)도 중도적인 성향을 포용하지 않는 김대중 정부의 대북정책이 남남갈등을 심화시켰다고 보았다.

한국의 경우, 권위주의 시대에는 억압적이고 폐쇄적인 분위기가 지배적이었기 때문에 정치적 양극화에 따른 남남갈등이 상대적으로 작은 문제일 수도 있었으나 민주화 이후 변화된 시대 상황에서는 큰 문제가 될 수밖에 없다.

즉 변화된 시대 상황에서 정치적 양극화의 조장은 일제강점기, 분단과 전쟁, 독재에 대한 아픈 상처(트라우마)와 관련된 남북관계와 대미관계, 주변의 외교관계에 있어서 '진영논리'와 '집단 극단화'를 생산하여 더 극단적인 대립과 갈등을 촉진하며, 결국 남남갈등의 심화로 이어지고 있다.

여기서 진영논리란 미국의 정치학자 한나 아렌트(H. Arendt)가 『전체주의의 기원』(2006)과 『예루살렘의 아이히만』(2006), 그리고 선스타인(C. R Sunstein)이 『우리는 왜 극단에 끌리는가(Going To Extremes)』(2011)에서 언급했던 것처럼, '집단 극단화(group polarization)'에 따라 모든 이슈가 진보와 보수의 이념 대결 구도로 환원되어 중간지대가 사라지고, 이에 따라 '내집단에 대한 애착(in group love)'과 '외집단에 대한 혐오(out group hate)'가 발생하여 대립 구도가 극단적인 혐오정치와 증오정치로 심화되는 현상을 말한다.

이상의 논의를 종합해 볼 때, 남남갈등의 실체는 결국 국민 수준과 무관하게 정파적·이념적 편향성을 동원하는 정치엘리트 수준의 정치적 양극화에 따른 갈등이라고 할 수 있다. 이런 접근은 지금까지 남남갈등의 원인으로 '북한'과 '통일'을 둘러싼 이념의 차이를 제시하고, 진영 간의 합리적인 의사소통을 대안으로 제시한 접근[2]과 다르다. 보수·진보 진영 간의 적대적인 이념 차이에 따른 갈등이 남남갈등의 원인이라면 그 해법은 당연히 합리적인 의사소통이 되어야 할 것이다.

하지만 남남갈등의 원인이 만약 국민과 무관하게 정치엘리트 차원의 이념적 과잉에 따른 편향성의 동원이라는 정치적 양극화 때문이라면, 그 해법은 집단 극단화와 정치적 양극화에 따른 극단정치의 경계이며, 평균적인 국민 정서와 이념적인 성향에 초점을 맞추면서 극단을 견제하

2. 대표적인 시각으로 구갑우(2010), 주봉호(2012), 권숙도(2012) 등이 있다.

고 균형을 추구해 중간지대를 활성화시키는 중도수렴의 통합정치가 되어야 한다.

여기서 중도수렴의 통합정치란 최소한 특정한 이념이나 교조적인 논리보다 국민 정서나 현장 중심에서 문제를 보고 해결하고자 하는 공감 능력과 실용적인 태도를 강조하는 공화정치를 말한다. 즉 중도실용의 정치나 불필요한 극단과 대립을 피하고 중간지대를 넓히는 중도수렴의 정치를 확대하여 민생법안을 효과적으로 처리하는 이른바, 민생정치를 말한다(채진원 2016a; 2016b).

## 3. 남남갈등의 실체 관찰: 국민-정치엘리트 간 부조화 사례

### 1) 전반적인 국민이념의 변화 추세

〈그림 1〉은 EAI(동아시아연구원)가 2002년부터 2011년 2월까지 국민들의 이념 성향 추세를 조사한 데이터이다. 10점 척도를 이용하여 0점(좌극단)을 '매우 진보', 5점을 '중도', 10점(우극단)을 '매우 보수'로 하여 그 정도 변화를 측정한 조사 결과이다. 이 데이터에 의하면, 최근 우리나라 국민들의 이념 성향의 전반적인 추세는 진보화도, 보수화도 아닌 중도로의 수렴현상을 보여 준다(정한울 2011b).

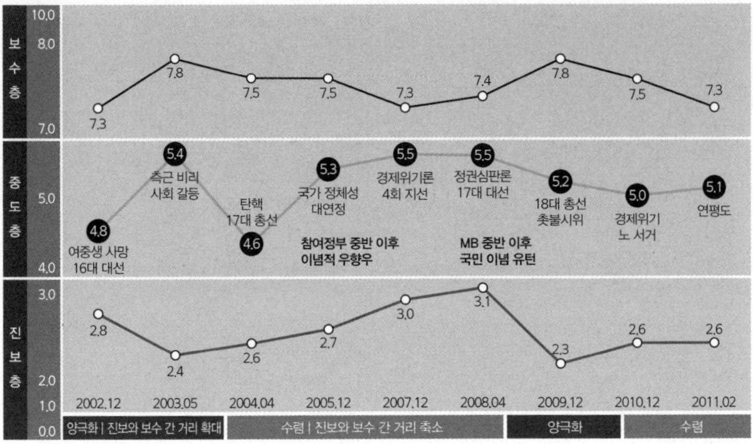


〈그림 1〉 노무현 정부 이후 한국사회 이념무드(mood)와 양극화 변화 추세

*출처: 정한울. 2011. p.2.

**2009년 이후 데이터는 EAI·한국리서치 정기조사 데이터, 2007~2008년 데이터는 EAI·SBS·중앙일보·한국리서치 패널조사 데이터, 2005~2006년 데이터는 EAI·매일경제 정치사회의식조사 데이터, 2004년 데이터는 선거학회 데이터, 2002~2003년 데이터는 EAI·중앙일보 반미의식 조사 데이터.

## 2) 정당 양극화의 실체

〈그림 2〉는 엘리트 수준의 정당 양극화를 보여 주는 지표이다. 16대 국회 당시 두 정당의 이념 격차는 불과 1.7에 그쳤지만 17대에 1.9, 18대에 2.4, 19대에 3.2로 지속적으로 증가하였다. 이 같은 증가는 민주당의원들이 새누리당에 비해 상대적으로 가파른 이념적 진보화의 길을 걸었기 때문이다.

〈그림 3〉은 정치엘리트 수준에서 정당 양극화를 경제 영역과 외교안보 영역으로 나누어 살펴본 것이다. 정치엘리트 차원의 정당 양극화를

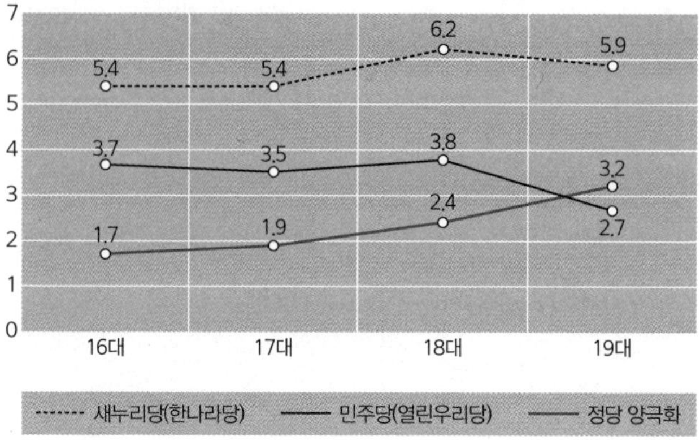


〈그림 2〉 정당의 주관적 이념지수

*출처: 중앙일보. 2012년 7월 23일 국회의원 이념 성향. 이재묵. 2013. p.118 재인용.

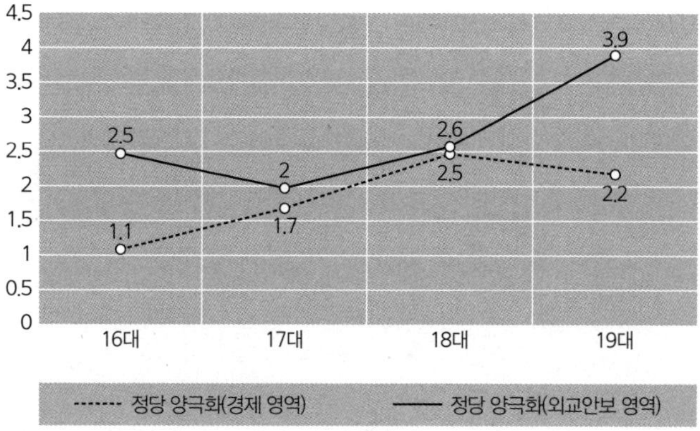


〈그림 3〉 경제, 외교정책 사안별 정당 양극화

*출처: 중앙일보. 2012년 7월 23일 국회의원 이념 성향. 이재묵. 2013. p.119 재인용.

정책 현안별로 볼 때, 경제 영역보다 외교안보 영역에서 격차가 더 크게 발생하였다. 경제 영역에서 정당 양극화는 16대에서 1.1, 17대에서 1.7, 18대에서 2.5로, 점진적으로 증가하다가 19대 2.2로 18대에 비해 0.3만큼 간극이 줄었다. 하지만 외교안보 영역에서 정당 양극화는 16대 2.5,

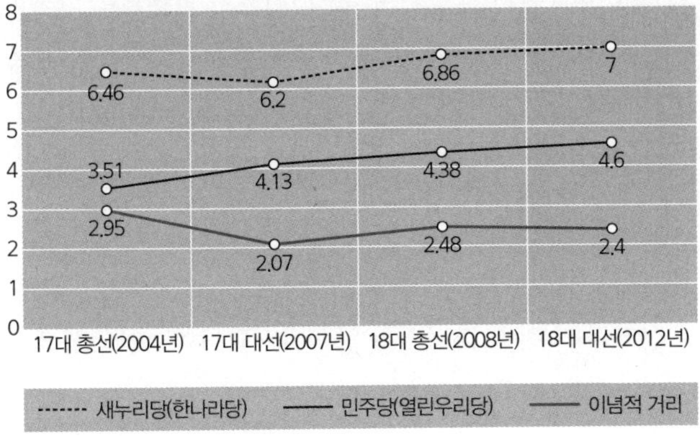


〈그림 4〉 유권자 수준에서의 정당 양극화 추세

*출처: 한국사회과학데이터센터, 2004~2012 유권자 의식조사, 이재묵. 2013. p.119 재인용.

17대 2, 18대 2.6, 19대 3.9로 크게 증가하는 모습을 보여 주고 있다.

〈그림 4〉는 유권자 수준에서 관찰된 정당 양극화이다. 유권자 수준에서는 2004년에 2.95로 가장 높았고, 그 이후로 2012년까지는 다소 감소하는 수준을 유지하고 있다.

이러한 데이터를 종합적으로 분석해 볼 때, 한국사회의 정당 양극화는 일반 국민들 사이의 이념적 양극화라기보다는 정치엘리트 사이의 이념적 양극화가 커졌기 때문에 발생한 것으로 인식된다(이내영 2009; 이재묵 2013; 채진원 2012, 채진원 2014a, 채진원 2014b).

### 3) 남남갈등 이슈에서 국민과 의원 간 인식 차이와 부조화

〈그림 5〉와 〈그림 6〉은 18대 국회의 한나라당과 민주당의원들 그리고 일반 국민들 사이에 나타난 대북지원정책과 한미관계에 대한 태도의

분포를 비교한 결과이다. 한나라당과 민주당의원들이 선호하는 정책을 일반 국민의 선호와 비교해 보면 진보, 보수 방향으로 양극화되어 있다는 것을 확인할 수 있다.

〈그림 5〉의 네 가지 쟁점 중 '북핵문제가 해결될 때까지는 모든 대북지원을 전면 중단해야 한다.'라는 것을 제외하고 두 당 의원들의 선호는 일반 국민들의 선호와 대체로 격리되어 양극화되어 있다. 양극화에서 제외되어 있는 쟁점에서도 일반 국민의 18.3%가 '북핵문제가 해결될 때까지는 모든 대북지원을 전면 중단해야 한다.'라는 강경한 견해를 가지고 있는 것과 다르게, 양당은 그러한 견해에 동의하지 않는 것으로 나타나 그 격차가 크다는 것을 알 수 있다.

〈그림 6〉은 한미관계에 대한 한나라당과 민주당의원 그리고 일반 국민의 선호를 비교한 결과이다. 여기에서 한미관계에 관한 한나라당과 민주당의원들의 정책 선호에 크게 차이가 있다는 점을 확인할 수 있다.

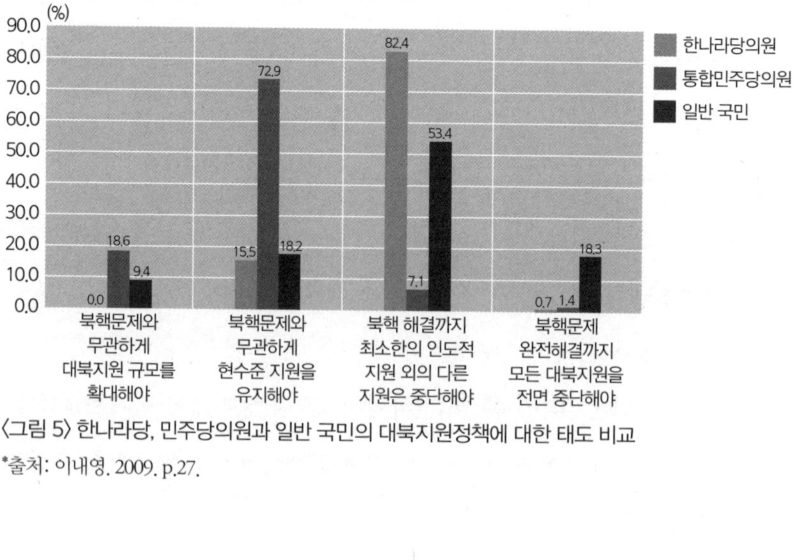


〈그림 5〉 한나라당, 민주당의원과 일반 국민의 대북지원정책에 대한 태도 비교

*출처: 이내영. 2009. p.27.

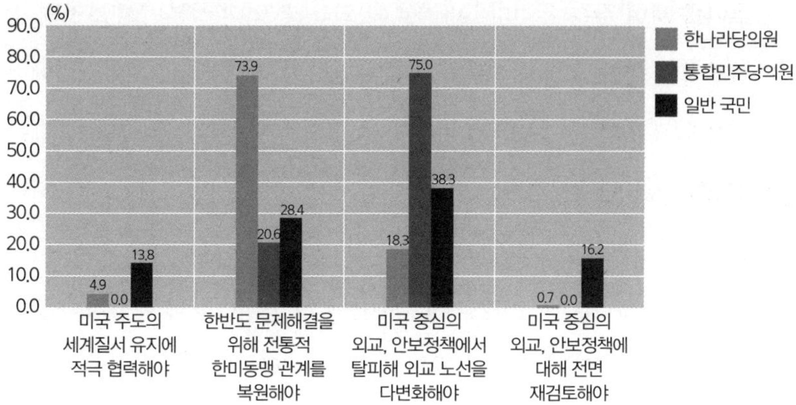


〈그림 6〉 한나라당, 민주당의원과 일반 국민의 한미관계에 대한 선호 비교

*출처: 이내영. 2009. p.28.

또한 네 가지 쟁점 중 '미국 중심의 외교, 안보정책에 대해 전면 재검토해야'를 제외하고 모두 양극화를 보이고 있다.

한나라당의 73.9%가 전통적 한미동맹을 복원해야 한다는 입장인 반면, 민주당의원들의 75.0%는 한국의 외교노선을 다변화해야 한다는 견해를 보였다. 일반 국민들의 선호는 한나라당과 민주당의원들의 중간에 분포되어 있는 것으로 나타났다. 이 결과는 향후에도 한미관계를 중심으로 한나라당과 민주당의 정치적 양극화가 계속될 가능성이 높다는 것을 예고한다.

### 4) 대북정책에 대한 정부와 국민 간의 인식 차이와 부조화

〈표 1〉은 서울대 통일평화연구소가 조사하여 발표한 '2007~2012 통일의식조사' 자료 중 정부의 대북정책 의사결정에 대한 국민적 만족도

추이를 보여 주는 것이다. 이 자료에 의하면, 역대 정부의 대북정책 의사결정에 대한 국민의 만족도가 매우 낮음을 알 수 있다. 2007년에는 '반영되고 있다'는 응답이 18.3%이다. 2008년에는 23.4%, 2009년에는 22.2%, 2010년에는 28%, 2011년에는 40%, 2012년에는 34.3%를 나타냈다.

결과적으로 2005~2012년 사이에 정부의 통일정책과 대북정책에 대한 국민적 공감대가 크게 제고되지 못하고 40% 내외에서 현상 유지를 나타내고 있다. 이러한 여론조사 결과는 그동안 우리의 역대 정부가 남남갈등 해소를 위해 국민적 합의를 강조하고 노력했음에도, 큰 결실이 없었음을 반증하며, 아울러 그러한 결과를 초래하는 구조적인 한계가 있음을 보여 준다.

특히, 역대 정부의 대북정책 의사결정에 대한 국민의 불만족과 관련하여 북한에 대한 국민들의 인식 변화가 충분히 반영되지 못한 측면도 있다. 〈표 2〉는 서울대학교 통일평화연구소가 2007년부터 2014년까지 조사하여 발표한 '통일의식조사' 중 '북한을 어떤 대상으로 인식하는가'

〈표 1〉 정부의 대북정책 의사결정에 대한 국민적 만족도 추이(2007~2012, 단위: %)

| 년도 | 반영하고 있음 | 반영하지 못하고 있음 |
|---|---|---|
| 2007 | 18.3 | 81.6 |
| 2008 | 23.4 | 76.6 |
| 2009 | 22.2 | 77.8 |
| 2010 | 28 | 72 |
| 2011 | 40 | 60 |
| 2012 | 34.3 | 65.7 |

*출처: 서울대학교 통일평화연구소. 통일의식조사 각 년도.

〈표 2〉 북한을 어떤 대상으로 인식하는가? (2007~2014, 단위: %)

| | 2007 | 2008 | 2009 | 2010 | 2011 | 2012 | 2013 | 2014 |
|---|---|---|---|---|---|---|---|---|
| 지원대상 | 21.8 | 21.9 | 17.4 | 19.3 | 16.7 | 15.8 | 16.4 | 13.9 |
| 협력대상 | 56.6 | 57.6 | 50.7 | 44.7 | 47.1 | 40.4 | 40.4 | 45.3 |
| 경쟁대상 | 3.3 | 3.8 | 2.3 | 3.3 | 2.3 | 4.8 | 5.6 | 4.6 |
| 경계대상 | 11.8 | 11.3 | 20.6 | 20.7 | 17.2 | 21.3 | 21.2 | 22.8 |
| 적대대상 | 6.6 | 5.3 | 9.0 | 12.0 | 16.8 | 10.9 | 16.4 | 13.9 |

*출처: 서울대학교 통일평화연구소. 통일의식조사 각 년도.

에 대한 자료이다.

북한을 지원대상으로 인식하는 비율은 2007년 21.8%에서 2012년 15.8%로 하향세를 보여 주고 있다. 협력대상으로 인식하는 비율도 2007년 56.6%에서 2012년 40.4%로 하향세를 보여 주고 있다. 경쟁대상으로 인식하는 비율은 2007년 3.3%에서 2012년 4.8%로 매우 낮은 수준에서 약간 상승하는 추세를 보여 준다. 경계대상으로 인식하는 비율은 2007년 11.8%에서 2012년 21.3%로 다소 상승세를 보여 주고 있다. 적대대상으로 인식하는 비율은 2007년 6.6%에서 2012년 10.9%로 다소 상승한 것을 보여 준다.

이러한 조사 결과는 북한에 대한 국민들의 의식이 정당이나 정부가 보여 주는, 진보=친북과 보수=반북이라는 이분법적 태도와 다르게 매우 혼합적이고 중층적이면서도 중도적인 성향임을 보여 준다.

## 4. 남남갈등의 실체와 원인: 경험적 차원에서의 국민인식

그렇다면 남남갈등의 실체, 그 원인에 대한 국민들의 인식은 어떠한가? 한 예로, 최근 대통령 직속 통일준비위원회가 연세대 송인화 교수팀에 의뢰하여 조사한 '사회치유로서의 평화통일연구'에서 밝힌 국민 여론조사 결과를 참고하면 국민들의 인식을 좀더 객관적으로 파악할 수 있다(황철환 2016; 송인환 외 2015).

이 보고서에서 사용한 여론조사는 2015년 10월 30일부터 11월 5일까지 만 19~65세 남녀 1천 명을 대상으로 실시한 것이다. 여론조사 결과를 보면, 우리 국민들은 남남갈등 문제가 심각하다고 평가하며, 이것의 원인은 무력도발을 일삼는 북한의 도발보다는 남남갈등을 정치적이고 정략적으로 이용하는 정치권의 책임이 더 큰 것으로 인식하고 있다.

또한 여론조사 결과에 따르면, 국민이 바라보는 남남갈등은 상당히 정치적이고 이념적이며, 북한과의 연계성이 낮은 정치권이 자신의 지지기반을 가르기 위한 내부적 성격을 띠는 이념 갈등이고, 편향성의 동원 전략에 따른 이념 갈등으로 인식하고 있다.

이러한 국민들의 인식은, 남남갈등을 해결하기 위한 우선적 노력으로 정치권과 언론 및 시민단체가 정치적 편향성을 동원하여 남남갈등을 경쟁의 구도로 활용하는 태도를 자제하거나 중단하는 것에서부터 시작해야 한다는 것을 시사한다.

## 1) 남남갈등의 심각성과 양상에 대한 국민인식

### (1) 남남갈등의 심각성

〈표 3〉 남남갈등의 심각성(단위:%)

| | 사례수(명) | 전혀 심각하지 않다 | 별로 심각하지 않다 | 보통이다 | 약간 심각하다 | 매우 심각하다 | 종합 | | | 5점 평균(점) | 100점 평균(점) |
|---|---|---|---|---|---|---|---|---|---|---|---|
| | | | | | | | 심각하지 않다 | 보통이다 | 심각하다 | | |
| 전체 | 1000 | 0.2 | 2.3 | 15.1 | 51.7 | 30.7 | 2.5 | 15.1 | 82.4 | 4.10 | 77.6 |

〈표 3〉과 같이, 82.4%가 '남남갈등 문제가 심각하다'고 응답해 남남갈등의 심각성을 보여 주고 있다. '보통'이라는 응답은 전체의 15.1%, '심각하지 않다'는 응답은 2.5%에 불과했다.

### (2) 남남갈등의 양상

〈표 4〉 남남갈등의 양상(단위: %)

| | 사례수(명) | 이념 갈등 | 계층갈등 | 세대갈등 | 지역갈등 |
|---|---|---|---|---|---|
| 전체 | 1000 | 47.9 | 24.0 | 17.9 | 10.2 |

〈표 4〉와 같이, 설문 응답 중 남남갈등이 나타나는 양상에 대해서 '이념 갈등'이라고 답한 사람이 47.9%로 가장 많았다. 이어 '계층갈등(24.0%), '세대갈등(17.9%), '지역갈등(10.2%) 등이 뒤를 따랐다. 이러한 응답 비율은 남남갈등이 이념 갈등이라는 통념과 일치한다.

### 2) 남남갈등의 원인에 대한 국민인식

#### (1) 남남갈등의 원인

〈표 5〉 남남갈등의 원인(단위: %)

| | 사례수 (명) | 남남갈등을 정치적으로 활용 | 우리사회 내의 개인주의 등 시민들의 가치관 차이와 충돌 | 북한에 대한 인식의 차이 | 북한의 무력도발 등 북한 측의 원인 제공 | 한국전쟁 등 지난날의 역사적 사건으로 인한 트라우마 |
|---|---|---|---|---|---|---|
| 전체 | 1000 | 57.6 | 20.7 | 10.7 | 9.7 | 1.3 |

〈표 5〉와 같이, 설문 응답 중 남남갈등의 원인에 대해 '(정치인들이) 남남갈등을 정치적으로 활용했기 때문'이라는 응답이 전체의 57.6%로 절반 이상을 차지했다. 반면, '무력도발 등 북한 측의 원인 제공'을 꼽은 응답 비율은 9.7%에 그쳤다. 이러한 응답 비율은 남남갈등의 원인이 북한 측의 원인 제공보다도 한국의 정치권이 남남갈등을 정치적으로 활용하는, 이른바 정치적으로 악용하는 편향성의 동원전략에 기인한 것임을 보여 준다.

#### (2) 남남갈등을 악화시키는 행위자에 대한 국민인식

〈표 6〉 남남갈등 심화에 영향을 미친 주체(단위: %)

| | 사례수(명) | 정당 | 정부 | 언론 | 대통령 | 국회 | 시민단체 |
|---|---|---|---|---|---|---|---|
| 전체 | 1000 | 30.8 | 19.8 | 16.2 | 16.0 | 10.1 | 7.1 |

〈표 6〉과 같이, 설문 응답자 중 남남갈등 심화에 영향을 미친 주체로

30.8%가 '정당'을 꼽았고, 19.8%가 정부를 꼽았다. 다음으로 16.2%가 언론, 16.0%가 대통령, 10.1%가 국회, 7.1%가 시민단체를 꼽았다. 이러한 응답 결과로 볼 때, 우리 국민들은 남남갈등을 악화시킨 주체를 정치권을 포함한 시민단체로 생각하고 있으며 특히, 남남갈등을 악화시킨 책임이 주로 정당과 정부에 있는 것으로 보고 있다.

### 3) 남남갈등의 영향에 대한 국민인식

#### (1) 정치사회 전반의 분열

〈표 7〉 남남갈등이 한국사회에 미치는 영향(단위: %)

| | 사례수(명) | 정치권에서 남남갈등을 이해관계로 활용 | 갈등 해결이나 사회통합 비용 증가 | 집단이기주의나 갈등심화 등 시민사회 분열이 생김 | 민주적인 시민문화가 만들어지기 어렵게 됨 | 통일 및 대북 관련 정책이 성공하지 못함 |
|---|---|---|---|---|---|---|
| 전체 | 1000 | 84.8 | 77.0 | 76.7 | 72.4 | 72.2 |

〈표 7〉에서와 같이 설문 응답 중(중복 응답), 남남갈등이 한국사회에 미치는 영향으로 '정치권에서 남남갈등을 이해관계로 활용'이 84.8%로 가장 높은 비율을 보였다. 그리고 '갈등 해결 및 사회통합 비용 증가'가 77.0%, '집단이기주의나 갈등 심화 등 시민사회 분열이 생김'이 76.7%, '민주적 시민문화가 만들어지기 어렵게 됨'이 72.4%, '통일 및 대북 관련 정책이 성공하지 못함'이 72.2% 순으로 나타났다. 이러한 응답은 남남갈등이 정치사회 전반을 분열시키는 데 영향을 미치는 것임을 보여 준다.

## (2) 시민사회의 분열

〈표 8〉 남남갈등이 한국사회에 미치는 영향: 시민사회 분열(단위: %)

| | 사례 수(명) | 전혀 동의하지 않는다 | 별로 동의하지 않는다 | 보통이다 | 어느 정도 동의한다 | 매우 동의한다 | 종합 | | | 5점 평균(점) | 100점 평균(점) |
|---|---|---|---|---|---|---|---|---|---|---|---|
| | | | | | | | 동의하지 않는다 | 보통 | 동의한다 | | |
| 전체 | 1000 | 0.3 | 2.5 | 14.0 | 56.7 | 26.5 | 2.8 | 14.0 | 83.2 | 4.07 | 76.7 |

〈표 8〉과 같이 설문 응답 중, '남남갈등으로 시민사회가 분열된다는 의견에 대해 동의한다'라는 응답이 83.2%로 나타났다.

## (3) 대북정책의 실패

〈표 9〉 남남갈등이 한국사회에 미치는 영향: 대북정책 실패(단위: %)

| | 사례 수(명) | 전혀 동의하지 않는다 | 별로 동의하지 않는다 | 보통이다 | 어느 정도 동의한다 | 매우 동의한다 | 종합 | | | 5점 평균(점) | 100점 평균(점) |
|---|---|---|---|---|---|---|---|---|---|---|---|
| | | | | | | | 동의하지 않는다 | 보통 | 동의한다 | | |
| 전체 | 1000 | 0.6 | 4.5 | 22.0 | 51.5 | 21.4 | 5.1 | 22.0 | 72.9 | 3.89 | 72.7 |

〈표 9〉와 같이 설문 응답 중, '남남갈등으로 대북정책이 실패하게 된다'라는 의견에 '동의한다'는 응답이 72.9%로 나타났다.

### (4) 정치권 분열

〈표 10〉 남남갈등이 한국사회에 미치는 영향: 정치권의 남남갈등 활용(단위: %)

| | 사례 수(명) | 전혀 동의하지 않는다 | 별로 동의하지 않는다 | 보통이다 | 어느 정도 동의한다 | 매우 동의한다 | 종합 | | | 5점 평균(점) | 100점 평균(점) |
|---|---|---|---|---|---|---|---|---|---|---|---|
| | | | | | | | 동의하지 않는다 | 보통 | 동의한다 | | |
| 전체 | 1000 | 0.5 | 1.3 | 11.3 | 32.3 | 54.6 | 1.8 | 11.3 | 86.9 | 4.39 | 84.8 |

〈표 10〉과 같이 설문 응답 중, '남남갈등을 정치권에서 활용한다'라는 의견에 대해 '동의한다'는 응답이 86.9%로 나타났다.

### (5) 사회통합 비용 증가

〈표 11〉 남남갈등이 한국사회에 미치는 영향: 사회통합 비용 증가(단위: %)

| | 사례 수(명) | 전혀 동의하지 않는다 | 별로 동의하지 않는다 | 보통이다 | 어느 정도 동의한다 | 매우 동의한다 | 종합 | | | 5점 평균(점) | 100점 평균(점) |
|---|---|---|---|---|---|---|---|---|---|---|---|
| | | | | | | | 동의하지 않는다 | 보통 | 동의한다 | | |
| 전체 | 1000 | 0.6 | 1.9 | 16.9 | 50.2 | 30.4 | 2.5 | 16.9 | 80.6 | 4.08 | 77.0 |

〈표 11〉과 같이 설문 응답 중, '남남갈등으로 사회통합 비용이 증가한다'라는 의견에 대해 '동의한다'는 응답이 80.6%로 나타났다.

### (6) 분단의 장기화

〈표 12〉 남남갈등이 한국사회에 미치는 영향: 분단의 장기화(단위: %)

| | 사례 수(명) | 전혀 동의하지 않는다 | 별로 동의하지 않는다 | 보통이다 | 어느 정도 동의한다 | 매우 동의한다 | 종합 | | | 5점 평균 (점) | 100점 평균 (점) |
|---|---|---|---|---|---|---|---|---|---|---|---|
| | | | | | | | 동의하지 않는다 | 보통 | 동의한다 | | |
| 전체 | 999 | 1.2 | 7.4 | 25.3 | 44.1 | 21.9 | 8.6 | 25.3 | 66.1 | 3.78 | 69.5 |

〈표 12〉와 같이 설문 응답 중, '남남갈등이 분단의 장기화에 영향을 미친다'라는 의견에 대해 '동의한다'는 응답이 66.1%로 나타났다.

### (7) 북한의 태도 악화

〈표 13〉 남남갈등이 한국사회에 미치는 영향: 북한의 태도 악화(단위: %)

| | 사례 수(명) | 전혀 동의하지 않는다 | 별로 동의하지 않는다 | 보통이다 | 어느 정도 동의한다 | 매우 동의한다 | 종합 | | | 5점 평균 (점) | 100점 평균 (점) |
|---|---|---|---|---|---|---|---|---|---|---|---|
| | | | | | | | 동의하지 않는다 | 보통 | 동의한다 | | |
| 전체 | 999 | 1.4 | 11.9 | 28.0 | 41.0 | 17.6 | 13.3 | 28.0 | 58.7 | 3.62 | 65.4 |

〈표 13〉과 같이 설문 응답 중, '남남갈등으로 북한의 태도 악화에 영향을 미친다'라는 의견에 대해 '동의한다'는 응답이 58.7%로 나타났다.

### 4) 남남갈등의 해결 주체에 대한 국민인식

〈표 14〉 남남갈등 해결 책임을 가진 주체(단위: %)

| | 사례수(명) | 정부 | 대통령 | 정당 | 국회 | 언론 | 시민단체 |
|---|---|---|---|---|---|---|---|
| 전체 | 1000 | 32.0 | 20.3 | 17.3 | 14.0 | 12.0 | 4.4 |

〈표 14〉와 같이 설문 응답 중 '남남갈등을 해결할 주체'로 정부(32.0%)와 대통령(20.3%), 정당(17.3%) 순으로 응답했다. 이러한 응답은 정치권을 남남갈등을 심화시키는 주체로 보고 있기 때문에 역으로 해결의 주체도 정치권이 되어야 한다는 인식을 보여 주는 것으로 해석할 수 있다.

## 5. 소결

3절과 4절에서 파악한 경험관찰의 결과는, 북한문제와 대북정책을 두고 벌어진 남남갈등이 실제로 일반 국민의 정서와 욕구가 반영된 필요한 갈등이라기보다는 국민 수준과 무관한 정치엘리트—국회의원, 정당, 정부, 대통령, 언론, 시민단체—들이 위로부터 편향성을 동원하는 정치적 양극화에 따른 조장된 갈등이었다는 것을 실증적으로 보여 주고 있다.

특히, 정치엘리트들의 인식과 달리 우리 국민들은 남남갈등의 원인으로 무력도발을 일삼는 북한의 도발보다 남남갈등을 정치적이고 정략적으로 활용하는 정치권의 책임이 더 큰 것으로 인식하고 있다.

갈등에는 일반적으로 '생산적인 갈등'과 '비생산적인 갈등' 두 가지가 있다. 물론 그 해법에도 '적대적 해결'과 '비적대적 해결' 두 가지가 있다. 그 사회에 필요한 생산적인 갈등을 비적대적으로 풀 경우, 그 갈등은 국가의 번영과 통합을 이루는 에너지가 될 수 있다. 하지만 반대로 그 사회에 불필요한 비생산적인 갈등을 적대적으로 풀 경우 분열과 대립으로 국가를 위기와 망국에 빠뜨릴 수도 있다.

남남갈등의 실체에 대한 선행 연구와 최근의 국민 여론조사 자료는, 남남갈등이 사회적 균열 구조와 무관하게 정치엘리트가 정파적·이념적 편향성을 동원하여 조장한 갈등이라는 점에서 다음과 같은 내용을 시사한다.

첫째, 남남갈등의 실체에 대해 분명한 재인식이 필요하다. 남남갈등이 사실은 다수의 국민들과 유권자들이 이념적으로 양극화되고, 이것이 정치엘리트들인 정당, 시민사회, 지식인, 언론으로 전달되어서 정치적으로 양극화되는 것이 아니라 그 반대로 정치엘리트 수준에서 정치적 양극화가 조장, 동원되고 있다는 점이다.

따라서 그 해법은 정치엘리트의 편향성 동원을 견제하여 자제시키는 다양한 방법론에서 찾는 것이 중요하다. 즉 남남갈등에서의 정치적 양극화는 정치엘리트가 다수 국민의 이념적 성향이나 민심과 무관하게 지나치게 좌우 편향으로 기울어져 있기 때문에 발생한 '자기들만의 정치 양극화현상'이라는 것을 인식하는 것이 중요하다.

특히, 정치엘리트 수준의 정치적 양극화는 국민 대다수의 이념 성향이 중도로 수렴되는 최근의 추세를 정당과 국회 및 정부로 대표되는 '이익대표체계'가 적절하게 반영하지 못하고 있다는 점에서, 그 실체는 '중도수렴 부재의 정치적 대표체제'라고 할 수 있다.

따라서 정부, 정당, 정치인, 언론, 지식인, 시민단체 등을 포함한 정치엘리트가 이념적 양극화를 보이는 것은 정치엘리트 스스로가 극단적인 전략과 편향성을 동원하여 발생한 갈등의 결과라고 이해할 필요가 있다. 즉 대북정책과 외교정책이 국민들의 실생활에서 출발하여 국민적으로 공감하는 방식으로 추진되기보다 이념적 틀에서 출발할 경우 문제해결이 어렵게 된다. 햇볕정책과 5·24 대북 제재조치 그리고 그 해제에도 좌우편향적 정책으로 다뤄진다면 서로 타협할 수 없게 된다.

둘째, 지구화, 후기산업화, 정보화, 탈물질주의, 탈냉전과 같은 전환기적 시대 상황은 기존의 '진보=친노동=복지=친북=반미' 그리고 '보수=친자본=성장=반북=친미'라는 이분법적 이념 균열과 선악의 대립 구도를 약화시켜 서로 모순되어 보이는 가치와 정책 선호가 상호 공존하거나 혼합되는 트렌드를 강화시킨다는 것을 인식할 필요가 있다.

따라서 모든 사안에서 단일한 정체성을 요구하는 교조적인 이념이나 개념 및 이론 틀에서 벗어나 현상이나 현장에서 출발하여 이론을 구하는 실용적인 실사구시의 자세가 필요하다(정한울 2011a). 안보냐 통일이냐, 자주냐 동맹이냐, 친북이냐 반북이냐, 친미냐 반미냐 등의 이분법적 사고는, 편 가르기를 통해 남남갈등을 크게 조장·심화시킨다는 점에서, 이러한 이분법적 사고에서 시급히 벗어나야 한다.

이와 관련하여 남북관계와 한미동맹에 대해 변화된 인식을 보여 주는

〈표 15〉 남북관계와 한미동맹에 대해 교차태도로 본 한국인의 안보인식 지형

| 2013년<br>1월 | 전체<br>739명 | 한미동맹에 대한 태도 | |
|---|---|---|---|
| | | 한미동맹 의존 탈피 148명(20.0%) | 한미동맹 유지 591명(80.0%) |
| 남북<br>대화에<br>대한<br>태도 | 조건 없는<br>남북대화<br>474명<br>(64.1%) | 탈미-남북대화 우선론<br>(한미동맹 탈피+남북대화 우선)<br>95명<br>전체 응답자의 12.9%<br>〈전통적 진보 시각〉 | 동맹-남북대화 병행론<br>(한미동맹론+대화우선론)<br>379명<br>전체 응답자의 51.3%<br>〈상충적·균형적 태도〉 |
| | 북핵해결<br>선행<br>265명<br>(35.9%) | 탈미 비핵화 병행론<br>(한미동맹 탈피+북 비핵화 우선)<br>53명<br>전체 응답자의 7.2%<br>〈고립주의적 시각〉 | 동맹 유지-북 비핵화 우선론<br>(한미동맹론+북 비핵화 우선)<br>212명<br>전체 응답자의 28.7%<br>〈전통적 보수 시각〉 |

*주: EAI·한국리서치 '새정부 정책과제 조사(2013. 1, 800명 RDD전화조사 결과)
**출처: 정한울, 2013. 'EAI 오피니언리뷰' 제2013-02호.

〈표 15〉는 시사하는 바가 크다. 〈표 15〉는 남북 이슈와 한미관계에 대한 태도를 서로 교차한 자료로, 한미 공조와 민족 공조를 대립적으로 보는 견해보다 이를 병행하라는 변형된 안보의식이 확산되었음을 보여 준다. 즉 한미동맹을 강조하면서 북핵 우선 해결을 주장하는 전통적 보수 입장은 전체 국민의 28.7%, 반대로 한미동맹의 의존에서 벗어나 남북대화를 선행하라는 전통적인 진보 시각은 12.9%에 불과하다. 전통적인 이분법 구도에서 안보문제에 접근하는 유권자들은 41.6%에 불과한 셈이다. 반면 한미동맹을 요구하면서 동시에 남북대화를 병행하라는 상충적이면서도 균형적인 태도가 무려 51.3%에 달한다(정한울 2013).

셋째, 남남갈등에 대한 해법으로 중도실용적 접근이 필요하다. 대북정책은 국민적 역량을 모아 북한을 상대해야 하므로 무엇보다도 국민적 합의가 가장 중요하다. 따라서 국민적 합의를 조성하기 위한 사업에 많

은 역량을 투입할 필요가 있다. 정치적 엘리트 수준의 정치적 양극화가 개선되지 않을 때, 우리 정치는 남남갈등을 합리적으로 해결하기보다는 이를 더욱 조장하여 국민의 불신을 받을 가능성이 크다.

따라서 남남갈등의 실체를 올바로 이해하고 대처해야 한다. 그 출발점은 '중도실용주의'에 근거한 대북정책 노선의 정립이다. 이것은 이념의 눈으로 민생과 생활세계를 보는 것이 아니라 민생과 생활세계의 눈으로 대북정책을 판단하는 접근이다.

즉 국민 실생활의 고통과 불편사항에 공감하고 소통하는 관점에서 대북정책의 방향성을 판단해야 한다. 맹목적 통일지상주의나 북한 주민들의 해방을 위해 통일을 해야 한다는 당위적인 논리는 통일비용의 지불에 인색한 우리 국민들을 설득하기에 역부족이다. 무엇보다도 대북정책에 있어서 이념의 과잉문제를 최소화하여 국민들의 실생활과 소통함으로써 국민적 합의를 창출할 수 있다.

넷째, 대북정책과 외교정책에 있어서 국민적 합의를 위해 국회의장 직속 산하에 거버넌스기구(가칭 '대북외교정책 국가통합위원회')를 제도화할 필요가 있다. 그동안 대북정책과 외교정책은 대체로 대통령의 정파적·이념적 성향에 따라 그리고 집권당의 이념적 색깔에 따라 위임되었던 게 사실이다.

하지만 이러한 대북정책과 외교정책에 대한 위임방식은 누가, 어떤 당이 집권하더라도 국민 다수의 지지를 받지 못하고 심한 이념 갈등에 직면했던 게 사실이다. 이런 문제점을 개선하고 국민적 합의를 창출하기 위해서는 국회의장 직속 산하에 거버넌스기구를 제도화할 필요가 있다. 즉 여야·중도성향의 시민단체 대표와 전문가가 모인 대북·외교정책에 대한 상설협의기구를 설치하여 운영할 필요가 있다.

다섯째, 정치적 양극화에 따른 남남갈등이 변화된 시대 상황에도 불구하고 지속되는 이유에는 이것을 견제하고 균형을 지키려는 시민세력이 자기 역할을 못하고 있기 때문인 측면도 크다. 따라서 정치적 양극화와 남남갈등을 견제하고 균형을 잡기 위해서는 중도의 합리적인 시민사회—합리적인 보수와 공화주의적인 진보, 중도실용주의자 등—가 결집해 함께 '시민정치운동'을 적극 전개할 필요가 있다.

여섯째, 언론과 미디어의 새로운 역할이 필요하다. 종전처럼 언론기관들이 이념적·당파적으로 국민을 편가르기 하는 이념적 상업주의에서 벗어나 공론장의 역할을 회복해야 한다. 특히, 정치적 양극화와 남남갈등을 부추겨서 자신의 기득권을 유지하려는 '정치적 지대추구(political rent-seeking)'를 적극 견제하고 균형을 잡아야 한다.

# • 참고문헌 •


강원택. 2004. "남남갈등의 이념적 특성에 대한 경험적 분석." 『남남갈등 진단 및 해소방안』 pp.55-97. 경남대 극동문제연구소.

강원택. 2009. "북한이슈와 한국사회의 이념 갈등." 한국정치학회 연례학술회의 발표논문.

구갑우. 2010. "대북정책 소통을 위한 정책대안 제시." 제주평화연구원. 〈대북정책에 대한 소통증진 방안연구〉(2.8.).

김동현. 2016. "56.6% 개성공단 재가동해야." 뉴시스(2.15.).

김재한. 2010. "남남갈등의 연계성: 대북정책에 관한 조선일보-한겨레신문 태도 간 연계성 및 대북정책-대중정책-대미정책 태도 차이 간 연계성을 중심으로." 『통일과 평 화』제2집. pp.137-157.

김형준·구동회. 2009. "신년 여론조사 (상)." 서울신문(1.1.).

남궁곤·유석진. 2007. "미국정치의 양극화: 그 사회적 기반과 정치적 의의." 『한국과 국제 정치』제23권 1호. pp.5-6.

남궁영. 2004. "김대중 정부의 대북정책에 대한 비판적 해석: 남남갈등의 쟁점을 중심으로." 『국제정치연구』제7집 2호. pp.25-43.

박길성. 2007. "한국사회의 갈등구조와 통합." 〈IMF 체제의 사회분화를 넘어서 통합사회 로〉. 한국사회학회 특별심포지엄 논문집. p.122.

박흥원. 2001. "시선 끌기 위해 국론분열로 과장: 남남갈등 보도의 정치적 의미." 『저널리 즘 비평』제32집. pp.62-6.

박희준. 2014. "아산정책연구원 '정부, 5.24조치 유지해야'." 아시아경제(10.8.).

서울대학교 통일평화연구소. 2007-2010. 『통일의식조사』.

선스타인, 캐스. 이정인 역. 2011. 『우리는 왜 극단에 끌리는가(Going To Extremcs)』 서울: 프리뷰.

손호철. 2004. "남남갈등의 기원과 전개과정." 『남남갈등 진단 및 해소방안』 pp.11-53. 경남대 극동문제연구소.

송인한 외. 2015. 〈사회치유로서의 평화통일 연구〉 보고서.

아렌트, 한나. 김선욱 역. 2006.『예루살렘의 아이히만』서울: 한길그레이트북스.

아렌트, 한나. 이진우 · 박매애 역. 2006.『전체주의의 기원』서울: 한길그레이트북스.

윤성이. 2006. "한국사회 이념 갈등의 실체와 변화."『국가전략』12권 제4호. pp.163-182.

이내영. 2009. "한국정치의 이념지형과 이념 갈등." 한국정치학회 연례학술회의 발표논문.

이우영. 2004. "북한관과 남남갈등: 여론조사와 신문기사를 중심으로."『남남갈등 진단 및 해소방안』pp.101-131. 경남대 극동문제연구소.

이재묵. 2013. "정당 양극화를 통해 바라본 한미정당 비교." 한국정당학회 하계학술회의 자료집. 한국 정당정치의 도전과 대응: 정책갈등의 조정과 통합.

임성호. 2006. "당내경선에서의 전략투표와 대통령선거의 이념적 비편향성." 중앙선관위·한국정당학회. 대통령선거에서의 바람직한 당내경선방안 토론회(9.28.).

임혁백. 2004. "평화통일정책과 남남갈등의 극복."『남남갈등 진 단 및 해소방안』pp.285-334. 경남대 극동문제연구소.

정한울. 2011a. "한국사회 이념 무드의 변동과 정치적 함의." EAI OPINION REVIEW(No. 201104-1).

정한울. 2011b. "한국인 실용 중도 전성시대: 국민 이념 트렌드 변화 분석 … 친미진보 등 '상충적 유권자'에 정치권도 색깔 바꾸기." 주간동아(4.4.) 781호. pp.16-18.

정한울. 2013. "안보불감증인가? 안보의식의 변화인가?" 〈EAI 오피니언리뷰〉제2013-02호.

조한범. 2006.『남남갈등 해소방안 연구』서울: 통일연구원.

채진원. 2012. "'보수독점의 정당체제 개혁론'의 재검토: 정치적 양극화와 중도수렴 부재의 정당체제론을 중심으로."『오토피아』제27권 제2호. pp.199-238.

채진원. 2014a. "진영논리의 극복과 중도정치에 대한 탐색적 논의."『민주주의와 인권』제 14권 1호. pp.307-343.

채진원. 2014b. "민주공화국의 헤게모니전략으로서 중도주의."『'지금, 여기'의 정치사상』(뉴웨이브)신진보리포트 통권17호. pp.144-173. 서울: 느루.

채진원. 2016a.『무엇이 우리정치를 위협하는가-양극화에 맞서는 21세기 중도정치』서울: 인물과 사상사.

채진원. 2016b. “정치적 양극화와 중도정치: 계파공천과 정치적 양극화의 상관성 및 19대 국회입법갈등사례.” 입법조사처·한국정당학회 2016 추계학술회의 자료집(4.29.).
채진원. 2016. “‘박정희개발독재모델’의 북한수출을 검토하자.” 허핑턴포스트(4.3.).
황철환. 2016. “사회치유로서의 평화통일 연구.” 연합뉴스(4.3.).
Bartels, L. M. 2000. “Partisanship and voting behavior, 1952-1996.” *American Journal of Political Science.* 44-1. pp.35-50.
DiMaggio, Paul John Evans and Bethany Bryson. 1996. “Have Americans social attitudes become more polarized?” *American Journal of Sociology.* 102-3. pp.690-755.
Fiorina, Morris p.2005. *Culture War? The of a Polarlized America.* N.Y.: Pearson Longman.
Hacker, Jacob S., and Paul Pierson. 2006. *Off Center: The Republican Revolution and the Erosion of American Democracy.* New Haven, CT: Yale University Press.
Hetherington, M. J. 2001. “Resurgent Mass Partisanship: The Role of Elite Polarization.” *American Political Science Review.* 95-3. pp.619-631.
Jacobson, G.C. 2000. “Party polarization in national politics: The electoral connection.” In J. R. Bond & R. Fleisher (Eds.). *Polarized politics: Congress and the president in a partisan era.* pp.9-30.
Layman, G.C., and Carsey, T.M. 2002. “Party Polarization and ‘Conflict Extension’ in the American Electorate.” *American Journal of Political Science.* 46(4). 786-802.
McCarty, Nolan-Keith T. Poole and Howard Rosenthal. 2006. *Polarized Ameica: The Dance of Ideology and Unequal Riches.* Cambridge: MIT Press.

맺음말

# 새로운 인식과 실천 과제

유교적 전통의 가부장주의가 강하게 뿌리내리고 있는 한국의 정치풍토 속에서 인류가 발견한 최고의 정체 민주공화정의 가치와 정신인 공화주의를 제도화하고 내면화하는 일이 결코 쉬운 일은 아니다. 비지배적 자유(freedom as non domination and non dependence)를 추구하는 공화주의 정신을 뿌리내리고 자라나게 하며, 좋은 열매를 맺도록 하기 위해서는 역사의 경험과 교훈으로부터 배우는 지혜가 필요하다.

지금부터 422년 전, 1597년 정유년에는 정유재란이 있었다. 정유재란은 임진년에 이은 일본의 두 번째 침공으로 일본 수군이 칠천량전투에서 조선 수군을 전멸시킴으로써 조선에 2차 위기를 불러왔다. 그러나 조선은 이순신 장군이 이끄는 조선 수군이 있었기에 정유재란을 막아낼 수 있었다. 이순신 장군은 당시의 고뇌를 『난중일기』에 남겼다.

『난중일기』에는 '생즉사 사즉생(生則死 死則生)'이 쓰여 있는데, 이것은 이순신 장군의 애국심을 잘 보여 준다. 『난중일기』는 이순신 장군이 당파싸움을 멀리하고, 선조의 출전 명령에 항명하여 온갖 고초를 당하면서도, 오직 나라와 민중을 구하기 위한 싸움에서 이기기 위해 바다의 지형지물을 얼마나 치밀하게 연구했는지 잘 보여 준다. 조정에서 벌어지는 교조적인 이념과 당파의 틀에서 벗어나 민중의 삶을 우선으로 하고, 바다라는 현장에서 답을 찾는 냉철한 현실주의자이자 공화주의자로서 이순신 장군의 역량과 리더십이 잘 드러나고 있는 것이다.

이순신 장군은, 정도전을 만나 고려의 적폐를 멸하고 조선의 창업 군주가 된 이성계와 같은 운명을 갖지는 못했다. 그러나 그는 헐벗은 백성과 병사들의 고단한 삶을 살리기 위해 자신의 덕성과 지혜를 발휘하는 등 활사개공(活私開公)의 공화주의 정신으로 조선의 침몰을 막아냈다.

공화주의 정신의 지적인 원천은 피렌체공화국의 외교관으로 『군주론』 등에 자신의 지혜를 남긴 마키아벨리에게서 찾아도 좋을 것이다. 피렌체공화국은 임진왜란보다 약 100년 앞선 1494년 프랑스 샤를 8세의 침공을 받았다. 마키아벨리는, 프랑스의 침공을 받고 위기에 빠진 조국 피렌체공화국을 구하기 위해서는 세습군주가 아닌, 사자의 용맹함과 여우의 교활함을 갖추고 자신의 역량으로 무장하여 군주국을 획득하는 힘 있는 신군주가 필요하다고 역설하였다.

마키아벨리는 로마의 후예인 조국 피렌체가 조상들이 만든 위대한 공화주의 정신(virtu, 비르투)을 되살려 제2의 로마공화국으로 번영하기를 바랐다. 그가 되살리고자 한 로마 공화주의 정신은 국가의 공공선을 제도화하는 공생의 정신이었다. 즉 지배하고자 하는 귀족과 지배받지 않고자 하는 평민 간의 갈등이 적대적 갈등이 아닌 공생적 비지배 갈등으로 전환되어서 오늘날 대통령, 상원, 하원, 연방정부와 지방정부의 분권 등의 형태와 같이, 권력 분립이 되면서도 서로 견제와 균형을 통해 국가의 공공선으로 모아지도록 하는 혼합정체를 추구하였다.

마키아벨리는 공화국의 존립을 위협하는 것은 공화주의 정신을 부패하게 만드는 불평등과 부자유라고 보았다. 중산층과 중도층이 강고하지 못하면, 권력과 재산을 많이 가진 계층은 법과 제도를 지키지 않게 되고, 경제적으로 빈곤한 계층은 신분·지위·재산 등의 조건에 의해 타인에게 예속되어 노예와 같은 '부자유' 상태에 빠지게 된다.

이순신과 마키아벨리는 공통적으로 '파당적 이해'를 떠나 국가의 공공선을 지키기 위해 활사개공(活私開公)의 '공화주의 리더십'을 강조했다. 이순신과 마키아벨리의 언급처럼, 대한민국이 이룩한 산업화와 민주화의 성과는 공화주의 정신이 있었기에 가능했던 일이다. 그것은 노-사-정 모두가 일정정도 파당적 이해를 넘어 서로 조금씩 양보하고 타협해서 승화시킨 힘과 노력의 결과물인 것이다.

2019년은 민주화를 시작한 지 32년이 되는 해로, 이제 산업화와 민주화를 허무는 총체적 부패를 견제하고, 진정한 공화국의 평화와 번영을 위해 '공화 단계'로 이행을 준비하고 추진할 시점이다. 특히, 남북관계도 민주 단계를 전제로 하여 21세기 공화 단계로 이행할 필요가 있다. 이를 위해서는 동일성의 논리에 기반한 적대적 공생관계에서 벗어나 차이와 다양성을 보여 주는 평화적 공생관계로 정책 노선을 바꿔야 한다.

문명사적 관점에서 볼 때, 한반도의 미래에는 크게 헌팅턴(Samuel P. Huntington)의 문명충돌론의 길과 반대로 뮐러(Harald Müller)의 문명공존론의 길이라는 두 가지 길이 있을 수 있다. 헌팅턴의 길은 미국 문명과 중국 문명이 근본적으로 충돌해서 이로 인해 양쪽에 낀 북한과 한국 및 한반도가 냉전의 불신과 적대적 공생관계의 늪 속에서 허우적대는 길이다. 반면, 뮐러의 길은 그 반대의 길이다. 즉 비핵화와 북한체제 보장의 성공적인 맞교환으로 북미관계와 남북관계가 획기적으로 개선되어, 공존의 중간지대로서 평화로운 한반도가 선순환되면서 점진적으로 중국 문명과 미국 문명이 충돌하지 않는 길이다.

문명충돌의 관점에서 북미정상회담을 비관적으로 평가할 수도 있다. 즉 지난 6·11 북미정상회담에서 나온 공동성명과 기자회견에서 설명한 회담의 성과에 대해, 비핵화와 평화체제에 대한 구체적인 합의가 부족하고 CVID(complete, verifiable, irreversible, denuclearization)가 빠진 완전한 비핵화만이 언급되었다는 점, 북한의 인권문제를 언급하거나 개선하지 않은 채 진행되었다는 점 등을 들어 비판할 수 있다.

하지만 문명공존의 관점에서는 6·11 북미정상회담을 평화적 공생관계로 전환시키는 긍정적인 돌파구로 평가할 수도 있다. 남북미가 한반도 비핵화에 대한 현실적인 기준을 잡고 이에 합의한 후, 북한이 시장경제와 민주주의로 체제를 개선해 나간다면, 굳이 핵무기를 보유하거나 핵무기로 주변국을 위협할 이유도 사라질 수밖에 없다.

즉 북한의 CVID와 완전한 비핵화에 반드시 성공해야겠지만, 혹여 핵을 숨겨 두더라도 비핵화 과정이 끝나면 그 존재를 공개하거나 그것으로 위협할 명분이나 원인이 사라지기 때문에 그것은 무용지물이 된다. 따라서 비핵화는 문명사적으로 볼 때, 관계 정상화와 평화체제를 통한 적대관계의 종식 그리고 점진적인 시장경제와 민주주의로의 체제 전환

과 맞물려서 이해해야 할 문제라고 생각된다.[1]

다시 말해서, 북한에 존재하는 핵무기와 핵 시설을 제거하는 것은 당연히 필수적인 과정이지만, 이와 동시에 중요한 것은 핵무기 개발의 원인을 제거하고, 북한을 국제사회의 일원이 되도록 시장경제와 민주주의로의 체제 전환을 촉진하고 지원하는 일이다.

그런 점에서 북미관계 개선을 천명한 6·11 북미정상회담은 한반도 냉전의 적대적 공생관계 문화를 탈냉전의 평화 공존과 협력관계의 문화로 전환시키는 역사적인 돌파구, 즉 문명전환적인 시도로 평가할 수 있다.[2]

특히, 이런 역사적인 돌파구는 국제정치이론에서도 구성주의 이론(theory of the constructivism)에 의해 뒷받침된다. 구성주의 이론에서 우리가 위협을 느끼는 것은 물리적 군사력뿐 아니라, 사회문화적으로 학습되어 구성된 악마화된 적대관계의 결합 때문이라고 주장한다.

미국이 수천 개의 핵무기를 갖고 있어도 한국이 그에 대해 위협을 느끼지 않는 것은, 인지적으로 미국과 한국의 관계가 민주주의와 시장경제를 가치로 하여 동맹적 우호관계에 있기 때문이다. 반대로 북한이 미국만큼 핵무기를 갖고 있지 않아도 무섭게 느끼는 것은 그들이 시장경제와 민주주의체제가 아닌 다른 체제이기 때문이다.

남북미는 서로 다른 체제하에서 적과 동지를 가르는 반공주의의 악마

1. 이인엽. 2018. "역사적인 북미정상회담, 어떻게 평가할 것인가?." 통일뉴스(6.16.). http://www.tongilnews.com/news/articleView.html?idxno=125222.
2. 이인엽, 2018.

화(demonization) 작업에 따라 적대적 공생관계가 수십 년간 누적되어 왔다는 점을 감안하여, 적대감을 해소하고 상호 신뢰를 쌓는 일에 공을 들일 필요가 있다.

남북정상회담 이후 남북관계는 새로운 국면에 접어들었다. 과거와 같은 남북 간의 냉전적 적대와 반목은 자제되고 있다. 또한 남북 간에 현실주의적 협상과 타협의 국면이 전개되고 있다. 이러한 변화는 남북관계의 성격뿐 아니라, 남북한 내부 체제의 정체성 재편에도 심대한 영향을 끼칠 수밖에 없다.

이는 남과 북 내부의 긴장 완화와 함께 그동안 적과 동지라는 동질성과 획일성의 논리 속에 억압되었던 다양한 차이를 드러나게 하고 있다. 적과 동지의 적대적 공생관계(antagonistic symbiosis 또는 symbiotic antagonism)에서 차이와 다양성이 드러나는 평화적 공생관계로의 전환은 우리에게 다음과 같은 새로운 인식과 실천을 요구하고 있다.

### 1. 북한의 중립국가화 지원

북한의 완전한 비핵화와 북한체제 보장을 동시에 만족시키는 역사적인 약속 이행을 시작할 수 있을까? 관건은 이른바, 북미협상의 진전에 장애물로 작동하고 있는 '중국 변수'이다. 따라서 중국 변수를 만족시킬 수 있는 합리적인 대안을 찾는 것이 중요하다.

2018년 5월 15일 김계관 북한 외무성 제1부상은 "우리를 구석으로 몰고 가 일방적인 핵 포기만을 강요하려 든다면 우리는 그러한 대화에 더는 흥미를 가지지 않을 것"이라면서 북핵의 리비아식 해법에 반대했다.

동년 5월 17일 트럼프 대통령은 "리비아모델은 우리가 북한에 대해 갖고 있는 모델이 전혀 아니다."라고 밝히면서, 북한이 '완전한 비핵화'에 합의하면, '완전한 체제 보장'과 함께 '한국모델'로 경제 지원을 받을 것이며, 협상이 깨진다면 리비아처럼 섬멸될 것이라는 입장을 밝혔다. 이어서 트럼프 대통령은 동년 5월 22일 "만약 조건들이 충족되지 않으면 회담은 열리지 않거나 연기될 수 있다."고도 언급했다.

이러한 상황을 고려해 볼 때 우리에게는 이른바, 중국 변수를 고려하면서, 단계적·동시적 해법을 주장하는 북한과, 2020년까지 신속하고 과감한 북한의 선제적 비핵화 조처와 검증을 요구하는 미국의 일괄 타결방식을 동시에 만족시킬 절충방안과 합리적 대안 제시가 절실하다.

특히, 향후 북미협상의 걸림돌을 제거하기 위해서는 지난 2018년 5월 15일 당시처럼, 북미협상을 힘들게 했던 배경과 요소들을 이해하는 것이 중요하다. 당시 걸림돌은 무엇이었을까? 다시 말해서, 왜 당시 북한의 태도가 강경으로 돌변하고, 북미 간의 신경전이 극대화되었던 것일까?

그 배경에는 단순히 북미 간의 주도권 경쟁보다 중국 변수가 작동했다는 견해가 설득력이 있다. 즉 북한이 미국과 중국의 완충지대(buffer zone)로 남아 있기를 기대했던 중국이, 완충지대를 벗어나 '친미국가화' 되는 북한에 불안감을 느껴 서둘러 대북 지원을 약속했고, 이에 북한이 중국의 대북 지원을 지렛대로 삼아 대미 강경태도로 나섰다는 분석이다. 이 같은 중국 변수의 등장은 미국과의 세기적 담판을 앞두고 버팀목이 필요한 북한과, 한반도에서 미국을 견제하겠다는 중국의 이해관계가 맞아떨어진 결과로 해석된다.

2018년 5월 17일 당시 시진핑 중국 국가주석이 김정은 북한 국무위원장에게 "북미정상회담 결과가 좋지 않더라도, 중국은 적극적으로 북한을 지원하겠다."라는 약속을 했다는 언론보도가 있었다. 그리고 동년 5월 21일 블룸버그 통신은 "북미정상회담 성공 여부 시진핑에 달렸다."라는 제목의 보도를 통해 중국 변수를 강조했다. 이 보도는 "중국은 북한에게 당근을 제공한 것"으로 보인다며, "한국은 물론 북한마저 미국의 편에 서면 한반도에서 우군이 사라지는 것이라며 이를 우려하고 있다."라고 분석했다. 특히, 블룸버그 통신은 중국이 "북한이 망한다면 북한 난민이 동북삼성에 대거 유입될 것이고, 주한미군이 압록강과 두만강 라인까지 진주할 수 있다."라는 시나리오를 우려해서 "북한이 미국과 중국의 완충지대로 남아 있기를 원한다."라고 분석했다.

이상과 같이 당시 미국의 언론보도와 분석은 중국이 '북한의 친미국가화'를 막으면서 완충지대로 남아 있기를 바라는 입장이 얼마나 사활이 걸린 문제로 받아들이고 있는지를 잘 보여 준다. 그렇다면, 과연 미국과 한국에는 북한의 강경한 태도 변화를 가져온 '중국의 북한 완충지대 요구'를 무시하면서 완전한 비핵화와 북한체제 보장을 성공시킬 방안이 있을까?

아마도 한국에는 중국의 사활적 이해를 무시할 수 있는 다른 방안이 거의 없는 것으로 보인다. 그렇다면, 중국 변수를 고정변수로 받아들이는 것이 불가피하고 합리적이다. 이러한 중국 변수를 고려한 가운데, 북미협상을 만족시킬 대안은 무엇일까?

그동안 북한의 완전한 체제 보장과 관련하여 영세중립국가인 '스위스 모델'에 대한 논의가 있었던 만큼, 북한의 비핵화와 북한의 중립국가화(neutral buffer state)를 일괄 타결로 맞교환하고, 한국, 중국, 러시아, 일본 등이 그것을 국제적으로 보증하는 방안을 검토하는 것도 한 방법이 될 것이다.

또한 북한의 중립국가화를 약속하는 체제 보장방식으로 박정희식 개발독재모델을 전수하고, 중립국가화의 상징으로 'UN 아시아지역본부'를 DMZ와 개성지역에 설립하는 방안도 필요하다. 이러한 맞교환과 보증방식은 한반도에서 중미 간의 패권전쟁을 종식시키고, 중립지대를 지키면서도 완전한 비핵화를 이루어 북한을 '아시아의 스위스'로 만드는데 탁월한 효과가 있을 것으로 보인다.

## 2. 박정희 개발독재모델의 북한 수출과 지원

북한 김정은 국무위원장도 한국처럼, 리비아모델이 아니라 한국식 박정희 개발독재모델을 수용하도록 중국, 미국을 설득하는 게 중요하다. 40년 전 한국 박정희 정부는 베트남전쟁의 패배와 미군 철수의 안보 위기를 극복하고자 핵 개발을 추진했고, 미국은 핵 포기의 조건으로 한국에 핵 우산과 안전보장조치를 약속했다. 결국, 한국은 미국의 핵 개발 포기의 요구를 받아들이고, 경제를 선택했다.

제1장에서 언급한 바와 같이 티러니를 반민중성과 관련된 폭정으로 번역하기보다는 반민중성에 친민중성까지 이중적 의미를 포함하는 참주정으로 번역하여 그 의미의 이중성을 제대로 이해하고 사용하는 것이

중요하다. 왜냐하면 티러니를 폭정으로만 번역할지 아니면 이중성 모두를 담는 참주정으로 번역할지에 따라 북한을 다루는 방식이 달라지기 때문이다. 티러니를 폭정으로 번역하여 인식할 경우, 그 대처방식은 부시와 네오콘들의 레짐 체인지나 민주주의 확산론과 같이, 극단적인 방식으로 민주정을 확산하는 방법이 동원될 수밖에 없다.

하지만 이것을 참주정으로 인식한다면 강압적인 방식과 함께 점진적이고 온건한 방법도 동시에 사용할 수 있어 강온전략의 유연성과 균형을 잡을 수 있다. 특히, 북한 지도부의 친민중성 고양을 통해 '시장경제와 민주주의'로의 체제 전환을 촉진하고 도울 수도 있다.

참주정은 군주정(kingship)의 타락한 형태로, 전기 참주와 후기 참주로 구분된다. 전기 참주는 대체로 귀족정에서 민주정으로 이행하는 과도기에 등장한 것으로, 귀족 중의 일부가 평민들의 지지를 등에 업고 다른 귀족들을 타도하여 권력을 잡고 그 지지를 유지하기 위해 친서민적인 포퓰리즘정책을 펴다가 폭정으로 전락하거나 세습으로 권력을 물려주다가 몰락한 참주들을 말한다.

이에 비해 후기 참주들은 대체로 민주정이 중우정으로 타락하는 과정에서 군사적 능력과 참주적 선동능력으로 권력을 비합법적으로 찬탈하여 폭압적인 반서민정책을 펴다가 몰락한 참주들을 말한다. 김일성이 전기 참주의 모습이라면, 세습을 통해 권력을 장악한 김정일은 전기 참주에서 후기 참주로 넘어가는 과도기의 모습이고, 김정은은 후기 참주의 모습에 해당된다.

박정희 전 대통령의 유신체제 이전 시기는 참주정의 이중성 중 친민중성을 잘 보여 준다. 박정희 참주는 과두정으로 타락한 민주당 정권을 무너뜨리고 권력을 찬탈하였다. 그는 쿠데타에 따른 정통성의 위기를 경제적 퍼포먼스로 해결하여 그 동력으로 민중의 지지를 이끌면서 권력을 유지하다가 결국 몰락하였다.

박정희 참주는 이른바, 경제개발독재모델을 창조하여 경제 발전이라는 사업성과를 통해 민중의 환심을 사서 자신의 정통성 위기를 만회하고자 하였다. 개발독재모델이란 경제 성장을 위해서 시민들의 정치 참여를 제한하고 독재를 정당화하는 체제를 말한다.

부시와 네오콘의 북한 레짐 체인지 방법은 실패했다. 그 이유는 티러니를 폭정으로만 번역해 군사적 압박을 가하는 과정에서 중국의 물질적 지원으로 그것이 효과를 거둘 수 없게 되었기 때문이다. 결국 미국과 이해관계가 다른 중국과 러시아가 있는 한, 군사적 압박에 기반한 레짐 체인지는 불가능한 것으로 보인다.

그렇다면 북한 정권을 어떻게 다뤄야 할 것인가? 참주정의 의의와 한계를 인정하는 것부터 시작할 필요가 있다. 참주정은 본성상 정통성이 없고 세습에서 오는 체제의 불안정성이 상존한다.

참주들은 군사적인 퍼포먼스 또는 포퓰리즘 등의 경제적인 퍼포먼스를 끊임없이 보여 줌으로써 불안정성을 극복하고자 하며, 이러한 퍼포먼스를 통해 자신의 리더십이 인정받기를 절실히 갈망한다는 특성이 있다. 따라서 이런 인정의 욕구를 어느 정도 수용하면서 그들이 가진 참주정의 한계를 더 이상 군사적인 퍼포먼스가 아니라 경제적인 퍼포먼스를 통해 해결하도록 견인하는 게 북한 해법의 관건이다.

박정희 참주의 경제적 퍼포먼스로 한국 경제와 중산층이 성장하였고, 이 중산층이 다시 참주정 체제를 변화시키는 민주화의 밑거름이 됐다는 사실을 상기해 보자. 많은 한계가 있음에도 북한의 군사적인 리더십이 경제적인 리더십으로 전환되도록 돕는 것은 북한의 민주적 이행과 시장경제로의 편입을 내생적으로 돕는 방안이다.

이는 부시와 네오콘의 레짐 체인지 방법이나 미국과 중국의 북한현상유지론보다 많은 변화를 가져다 줄 수 있다. 이 노선은 중국, 러시아, 베트남이 군사참주체제에서 경제참주체제, 즉 사회주의 시장경제체제로 이행한 것처럼, 북한체제를 점차 민주정과 공화정으로 이행시킬 것이라는 데 있어서 이견이 없다.

중국은 개혁과 개방 시기에 태자당과 공산청년단의 동맹세력이 경제참주역할을 하였다. 그리고 소련은 KGB 등이 경제마피아(경제참주)로 변신하였고, 베트남의 경우 호찌민대학 출신들이 경제참주 역할을 했다. 이들처럼 김정은을 '경제참주'로 나아가도록 가능한 압박과 지원을 병행해야 한다.

김정은 위원장의 체제 인정 욕구를 활용하여 군사적 힘을 경제적 힘으로 전환하는 한에서 리더십과 체제를 인정하는 조건을 달아야 한다. 즉 군사적 힘 대신에 경제적 힘으로 살아가도록 '개발독재모델'을 과도기적으로 보장해야 한다. 이를 위해 한국의 산업화와 중산층 확대를 촉진했던 박정희 개발독재모델을 북한에 수출하고 지원하는 등 북한이 시장경제와 민주주의로의 체제 전환에 적극적으로 나서도록 하는 방안을 다양하게 검토하고, 미국과 중국을 설득할 필요가 있다.

이른바, J커브이론의 관점에서 보더라도, 북한 김정은이 박정희 개발독재모델을 수용한다면 안정성과 개방성을 조화롭고 균형 있게 유지하면서 개혁개방에 성공할 수 있을 것으로 보인다. 콜럼비아대학 교수인 이안 브레머(Ian Bremmer)는 『J 커브』라는 책을 통해 북한 개혁개방의 방법론에 있어서 새로운 인식의 틀을 제공하고 있다.

먼저 'J 커브'는 무엇을 말하는가? 수직축인 Y축은 안정성을, 수평축인 X축은 정치·경제적 개방 정도를 표시하는 2차원상에 그려진 영문자 J 형태의 그래프다. J자의 왼쪽 아래에 표시된 나라들은 상대적으로 덜 개방됐고, 오른쪽에 있는 나라들은 개방도가 높다. J 커브 왼쪽에 자리한 나라는 낙후국가들로 북한, 미얀마, 짐바브웨 등이 이에 속한다. 이들 나라는 외부로부터 고립되어 있기 때문에, 즉 개방 정도가 낮기 때문에 오히려 안정성이 높다. 그리고 이들 나라는 제도의 안정성에 의존하기보다 정치지도자 개인—스탈린, 마오쩌둥, 김정일 등—에게 크게 의존한다.

필자가 제시하는 폐쇄국가에 대한 올바른 접근 방법은 무엇일까? 그것은 점진적으로 개방정책을 수용할 수 있도록 돕는 동시에 역동적·경제적으로 독립할 수 있는 중산층 형성을 지원함으로써 이들이 내부로부터 변화 능력을 키워가게끔 하는 것이다.

한국의 좌우파가 극단적인 진영논리를 넘어 초당파적인 국익을 위해 타협해야 할 지점은 바로 이 지점이 아닐까? 북한이 소극적인 체제 보장 요구에서 벗어나 적극적으로 민주주의와 시장경제로의 이행을 천명하도록 하고, 과도기의 이행을 위해 개발독재모델을 선언하면, 비핵화는 반드시 성공해야겠지만 혹시라도 숨겨놓은 핵무기가 있더라도 민주주의와 시장경제라는 규범이 작동하는 한 핵을 사용할 일이 없을 것이라는 데에 동의가 필요할 것이다.

## 3. 동양평화론과 팍스 코리아나 추구

남북한의 한반도가 해양세력인 미국과 대륙세력인 중국의 문명충돌이라는 블랙홀에서 벗어나 근본적으로 문명 공존으로 전환되기 위해서는 미국과 중국 간의 잠재적인 패권 갈등이 근본적으로 해소되어야 한다. 이때에 비로소 그 하위체계인 한·중·일의 갈등도 쉽게 해소될 수 있을 것이다.[3]

한국·중국·일본의 과거사 문제를 해결하는 하나의 실마리로 안중근 의사의 '동양평화론'을 현실에서 계승하는 방안을 활용할 필요가 있다. 안중근 의사는 미완의 작품인 동양평화론에서 19세기 말 국제사회가 약육강식, 적자생존의 논리 속에 평화 유지와 공동 번영이라는 목표보다 전쟁을 감행해 패권 장악에만 열중하는 냉혹한 시대임을 지적하고, 동양의 평화를 위해 한·중·일 3국이 반드시 힘을 합해야 한다고 역설하였다.

안중근 의사는 한·중·일 3국이 평화 공존하면서 중국 뤼순(旅順)을 3국의 군항으로 삼고, 이곳에 '동양평화회의'를 조직해 공동은행을 설립하여 화폐를 주조하고, 공동의 군단을 구성해 영구한 평화와 행복을 추

3. 한완상. 2015. "안중근의 동양평화론 정신 돌아볼 때! [기고] 광복 70년과 동북아 평화: 제2의 냉전동맹을 염려하며." 프레시안(9.8.).

진할 '평화연맹'을 창설해야 한다고 주장했다. 이러한 안중근 의사의 구상은 현재의 유럽연합(EU)에 가까운 모습이다.

이러한 안중근 의사의 동양평화론은 현 시기 한·중·일 시민들이 공동 번영과 평화를 위해 제국주의와 국가주의 및 배타적 민족주의를 넘어서 연대와 협력으로 상징되는 새로운 동아시아 정체성을 만들 것을 요구하고 있다고 생각된다.

시장경제와 민주주의를 통해 산업화와 민주화에 성공한 뒤 촛불시민혁명으로 전 세계의 모범이 되고 있는 21세기 한국이, 동양평화론과 같은 새로운 동아시아 정체성(공화주의 연대)을 만드는 데 있어서 열정적으로 참여하고 헌신한다면, 반드시 주변국들의 동의와 지지를 받을 것이다.

이런 주변국들의 지지와 동의가 아마도 팍스 코리아나(Pax Coreana)의 시작일 것이다. 주변국의 동의와 지지 여부는 과거 제국주의국가나 배타적 민족주의국가와 달리 21세기 한국이, 문화대국, 즉 보편적인 문명국가(헌법국가)로서 팍스 코리아나[4]를 실현할 수 있느냐 여부에 있어 매우 중요한 문제이다.

여기서 보편적인 문명국가(헌법국가)란 자국 시민과 주변국 시민들에게 시민권과 참정권을 보편적으로 동일하게 보장하거나 확대하면서도 문화의 다양성을 점진적으로 수용하여 통합하는 방식으로 만들고, 국가는 시민들의 적극적인 참여와 자발적 애국심으로 운영되는 것을 추구하

4. Herfried Münkler. 공진성 역. 2015. 『제국: 평천하의 논리』 서울: 책세상; 가라타니 고진. 조영일 역. 2014. 『제국의 구조』 서울: 도서출판 b.

는 국가패러다임이다.[5]

지금 남북·북미정상회담으로부터 새롭게 시작되는 전환기는 남북과 북미, 주변국의 적대적 공생관계를 약화시키고 있다는 점에서 문명 전환의 코드이며, 세계평화에 기여하는 바가 크다. 이어서 한반도 양국이 평화공존체제를 이루어, 미중·중일 간의 긴장과 갈등을 풀어간다면, 이것이 바로 팍스 코리아나의 진면목이 될 것이다. 즉 한반도에서 시작하는 세계평화, 한반도가 주도하여 이룩해 가는 세계평화의 모습이 될 것이다.[6]

## 4. 동아시아 유목민제국사의 정립과 규범 확대

2017년 4월 19일 미·중정상회담에서 미국과 중국 정상이 주고받은 이야기를 살펴보면 중국이 한국을 어떻게 인식하고 있는지가 잘 드러난다. 트럼프 대통령은 동년 4월 19일 월스트리트저널과의 인터뷰를 통해, 시진핑 주석이 정상회담 중, "한국은 역사적으로 중국의 일부였다(Korea actually used to be a part of China)."라는 발언을 했다고 밝혔다.

그리고 동년 4월 22일 중국 관영인 환구시보는 사평을 통해 미국이 북한의 핵 시설만을 타격한다면 중국이 군사 개입을 하지 않겠지만, 한·미가 38선을 넘어 북한을 전면 공격한다면 군사 개입을 피할 수 없다고

5. 채진원. 2019. "시민권 보장의 차이로서 공화주의 논의: 민주주의, 민족(국가)주의, 세계시민주의와의 비교." 『동향과 전망』제105호. pp.92-128.
6. 김상준. 2018. "한반도 평화 남북·북미정상회담과 '팍스 코레아나'." 다른 백년 칼럼(3.13.).

강조했다. 또한 한·미 공격에 따라 북한도 서울지역에 보복성 타격을 가할 위험이 있다는 것을 고려해야 하다고 경고했다.

시진핑 발언에 대해 파문이 커지자 중국 외교부 대변인은 동년 4월 20일 "트럼프 대통령이 전한 발언으로 한국 정부와 국민이 우려하고 있다."라는 것에 대해, "한국 국민은 걱정할 필요가 없다."라고 했다. 이어서 미 백악관은 동년 4월 21일 '우리는 한국이 수천 년간 독립적이라는 것을 잘 알고 있다(We know well that Korea has been independent for thousands of years)."라는 입장을 밝혔다.

그렇다면 시진핑은 왜 미·중정상회담 자리에서 중국과 한국의 역사를 얘기했을까? 이 배경에 대해 주진오 교수(상명대 역사콘텐츠학과)의 해석은 설득력이 크다.

CBS(김현정의 뉴스쇼)와의 인터뷰에서 주진오 교수는 "북한문제를 논의하는 과정에서 이 얘기가 나온 건데 저는 그것이 중국 측이 말하자면, 미국이 만약에 북한을 공격한다면 그냥 자기들이 가만히 있을 수는 없다는 것을 설명하는 과정에서 나온 것이 아닐까, 그렇게 이해를 합니다."라고 설명했다. 이는 4월 22일 중국 『환구시보』가 내놓은 중국의 군사 개입 입장과도 연결된다.

이 같은 미·중 정상들의 언급은 머지않은 시기에 한반도 주변에서 미·중의 패권전쟁이 본격화될 수도 있음을 예고한다. 정치·경제적 양극화, 진영논리로 홍역을 앓으면서 국론 분열로 통합력이 약화된 현재의 대한민국은 미·중의 패권전쟁을 막아낼 대안을 마련하지 못한 채 허송세월만 하다가 속수무책으로 전쟁을 맞을 가능성도 배제할 수 없다.

우리는 중국의 중화주의와 일본의 군국주의 그리고 북한의 핵수령주의 사이에서 어떻게 생존하고 번영할 수 있을까? 중국과 미국에 대한 사대주의를 놓고 벌이는 진보 대 보수라는 진영 구도를 넘어, 한국의 생존과 번영전략의 차원에서 방법을 찾아야 할 것이다.

하나의 대안으로, 동북공정과 한족 중심의 중국사 왜곡 등 역사전쟁으로 밀고 들어오는 중국의 패권주의에 맞서는 방법으로, '동아시아 유목민제국사'를 시급히 정립하여 국민이 토론하고 교육하는 방안을 검토할 필요가 있다.

중국사(中國史)라는 이름의 역사 서술은 언제부터 시작되었을까? 수천 년 동안 중국 대륙에서는 수많은 나라가 일어나고 없어졌다. 진시황의 진(秦)나라 음(音)에서 '차이나(China)'가 유래된 이후, 어떤 나라도 국가명을 '중국'이라 하지 않았다. 중국은 없다. 있다면 상상 속의 나라(A Nation of Imagination)일 뿐이다. 1912년 중화민국의 탄생으로 시작된 중국사는 100년이 채 안 된다.

유장근 교수가 쓴 『현대중국의 중화제국 만들기』에 의하면, 한족 중심의 중국사는 청대의 유산을 물려받은 현대의 중화제국이라는 것이다. 중국이라는 국호로 불린 적이 없는 중국이 다른 민족사를 한족(漢族)의 변방사로 흡수하여 중국사를 만들고 있다는 것이다. 즉 작금의 중국사란 다름 아닌 한족에 의해 만들어진 주변 민족의 '정복사'이자 '식민지사'인 것이다.

중국정부에서 진행된 역사왜곡을 바로잡기 위해 스키야마 마사아키(杉山正明) 교수가 쓴 『유목민이 본 세계사』를 참고하여, 한족 중심의 패권주의적 중국사가 아닌 '동아시아 유목민제국사(東亞細亞遊牧民諸國史)'를 새롭게 정립하고 교육할 필요가 있다.

중국 이전의 통일왕조 중에 농경민 출신의 순수 한족(漢族) 왕조는 한(漢)·명(明)·송(宋) 삼국에 불과하다. 진(秦), 수(隨), 당(唐), 원(元), 청(淸) 등 통일왕조는 유목적 전통을 가지고 있거나 북방 유목민이 세웠다. 중국 이전의 동아시아제국을 만든 것은 한족이 아닌, 그들이 동이, 서융, 남만, 북적이라 부르며 멸시하던 오랑캐들이었다. 중국 땅에서 후한부터 당까지 무려 33개의 나라가 흥망성쇠했는데, 그중 후한이 196년으로 가장 오래갔고, 200년 이상 지탱한 나라는 없다. 진나라를 세운 진시황은 투르크 몽골족인 서융이고, 5호16국을 세운 것은 흉노족이다. 수나라와 당나라는 선비족이 세웠고 요, 금, 원나라는 거란족, 여진족, 몽골족이다.

중국의 역사는 한족과 북방 민족 사이의 쟁투와 긴밀한 연관을 갖고 있다. 분열의 시기에 북방 민족은 중국 대륙으로 진출해 패권을 다투었다. 중국의 한족 역사 2000년을 보면, 한족이 북방의 기마민족에게 지배당해 기마민족의 식민지로 산 것이 1100년이나 된다. 전체 역사의 55%를 북방의 기마민족인 선비, 돌궐, 말갈, 여진, 만주족에게 굴욕적 통치를 당했다. 중국의 자긍심이라 할 수 있는 베이징 자금성의 주인도 한족이 아니라 청나라를 세운 만주족이다.

우리가 중국과 일본보다 우수한 것은 시장경제와 민주주의를 경험한 덕성 있는 시민이 있다는 것이고, 민주공화국이라는 가장 탁월한 정체를 가지고 있다는 것이다. 아시아의 평화 안정과 공동 번영 및 민주주의 확산을 위해서는 동아시아 유목민제국사를 근거로 한·중·일이 동반성장할 수 있는 동아시아연방공화제국으로 이행하기 위한 문명 규범과 담론을 생산하고 공급할 필요가 있다.

### 5. 동일노동 동일임금 연대임금제 실시

우리 정치가 복지포퓰리즘과 우중정에서 벗어나기 위해서는 근본적으로 '헬조선론'과 '흙수저론' 등으로 대변되듯이, 좌절감에 빠진 청년들을 구하는 대안으로 '동일노동 동일임금 연대임금제'를 도입할 필요가 있다.

정치권은 청년실업의 원인이 저임금의 값싼 일자리 부족이 아닌, 고임금의 좋은 일자리 부족에 있다는 것을 직시하여 엉뚱하게 값싸고 열악한 일자리를 양산하는 정책이 아닌, 정규직과 비정규직의 임금 차별부터 해소하는 데 힘을 쏟아야 한다. 궁극적으로 청년실업의 문제는 일자리 부족이 아니라 양질의 일자리 부족 문제이다. 어느 청년이 대기업의 정규직과 동일한 노동을 하고도, 비정규직 임금을 주는 회사에 취직하고 싶겠는가?

또한 정치권은 복지포퓰리즘의 해악을 직시해야 한다. 복지포퓰리즘이란 복지를 위한 기본 전제와 조건을 충분히 밝히지 않은 상태에서 대중의 환심을 사기 위한 인기영합적인 정책을 내놓는 것이라 정의할 수 있다.

복지는 국민의 세금으로 이뤄지고 재정 적자와 비례하기 때문에 실질적인 세수확보방안, 세금을 낼 수 있는 소득 있는 중산층 복원, 복지투자의 우선순위 선정 등을 분명히 밝히고, 국민의 동의를 얻어 시행하여야 포퓰리즘 논란에서 벗어날 수 있다.

포퓰리즘에 대한 견제 없는 민주주의는 결국 다수결의 이름으로 진행되는 인기영합적인 선동정치로 타락할 가능성이 크고, 재정 적자로 국민경제를 파탄에 빠뜨리고, 그에 대한 안티테제로 신자유주의정책을 부르는 악순환에 빠지게 된다.

복지포퓰리즘을 막지 못하면 정부의 국정 운영과 민주주의는 실패할 수밖에 없다. 영국의 브렉시트와 미국의 트럼프 당선에서 드러난 글로벌 포퓰리즘 물결이 양극화 모순에 따른 불만과 분노로 가득찬 우리나라를 급습하는 것은 시간문제일 수 있다. 따라서 이에 대한 철저한 대비가 필요하다.

박근혜-최순실 게이트가 발생한 원인 가운데, 새누리당 후보에 대한 검증과 공천 과정의 실패, 경제민주화와 복지로 포장한 박근혜 후보의 포퓰리즘을 견제하지 못한 측면도 있다는 점에서, 박근혜 후보와 유사한 포퓰리스트가 재등장하지 않도록 우리 국민들도 경각심을 가져야 할 것이다. 특히 민주당 대권주자의 한 사람이었던 이재명 후보가 주장한 기본소득에 대해서는 많은 토론이 필요하다.

기본소득이란 재산이나 소득의 많고 적음, 노동 여부에 관계없이 모든 사회구성원에게 매월 일정한 생활비를 제공하는 제도를 말한다. 즉 국가가 빈부에 상관없이 모든 국민에게 똑같이 최소 생활비를 지급하는 제도이다. 스위스에서는 지난해 6월, 2500스위스프랑(약 300만 원)을 일괄 지급하는 기본소득제에 대한 국민투표를 실시했으나 유권자

76.9%가 반대해 부결된 바 있다.

민주당 당내 경선 과정에서 이재명 후보는 2017년 12월 27일 프레시안과의 인터뷰에서 "내가 대통령이 되면 국가 예산에서 (세금 철저 징수로) 50조~60조 원은 가뿐하게 만들 자신이 있다."면서 "50조 원이면 1인당 100만 원씩, 가구당 300만 원씩을 지원할 수 있다."라고 했다.

하지만 이재명 후보의 기본소득은 성장론의 부재로 성장과 분배의 선순환을 고려하지 않거나 조세수입의 불명확 및 재정투입의 우선순위 잘못 등으로 포퓰리즘이라는 비판도 있는 만큼, 철저한 정책 검증이 필요하다. 기본소득의 정책 검증과 관련하여 이에 대비되는 대안정책으로 동일노동 동일임금에 따른 연대임금제도가 있다. 기본소득이 재분배론에 초점을 맞춘다면, 연대임금제도는 비정규직 임금 상승을 통한 성장론에 초점을 두는 것이 차이점이다.

이 연대임금제도의 대표적인 예는 최근 소개된 일본판 동일노동 동일임금제이다. 일본의 아베 총리가 저성장 고령화사회의 문제를 해결하기 위해 비정규직의 임금을 프랑스·독일·이탈리아 등과 비슷한 정규직의 80% 수준으로 끌어올리기 위해 추진하고 있는 것으로, 아베 총리는 2015년에 1억 총활약사회라는 목표 아래 동일노동 동일임금제라는 어젠다를 제시한 바 있다.

1억 총활약사회는 50년 후에도 일본의 인구를 1억 명으로 유지하고, 한 명 한 명의 일본인이 가정, 직장, 지역에서 더욱 활약할 수 있도록 하겠다는 것이 핵심 내용이다. 여기에서 임금 차별을 해소할 수 있는 동일노동 동일임금제도가 저출산 고령화사회의 복지기반에 대처할 수 있는 합리적 대안으로 제시되었다.

아베가 추진하고 있는 일본판 동일노동 동일임금제의 기원은 1951년 스웨덴 사민당이 성공적으로 시행하여 세계적으로 소개된 연대임금제에 있다. 이것은 상층자본과 상층노동의 담합 혹은 갑질에 의해 중소하청기업의 하층노동과 비정규직 임금을 착취하고 있는 우리의 이중적 임금노동시장의 차별을 개선하는 데 시사점하는 바가 크다.

연대임금제는 노사가 중앙교섭을 통해 동일업종 내 저임금기업의 임금 상승을 촉진하고, 고임금기업의 임금 상승을 억제해 노동자 간 임금 격차를 줄이는 제도이다. 물론 이 연대임금제도가 성공하기 위해서는 상층자본과 상층노동의 기득권 타파 그리고 노사정 대타협이 필요하다.

스웨덴 사민당과 노사는 '살트셰바덴협약'과 '렌 – 마이드너모델'을 통해 연대임금제도를 구체화하였다. 그 핵심 원리는 다음과 같다. 노조는 자본측에 고임금 요구를 자제하는 대신 고용안정과 초과이윤의 일부를 공동주식으로 전환하는 임금노동자기금안을 요구했다. 한편, 자본측은 노조에 고용안정과 공동주식을 주는 대신 고율의 법인세를 정부에 제공했다. 정부는 고율의 법인세와 노동자의 재산세 수입을 기반으로 노동자와 사회적 약자들에게 재취업을 위한 재교육, 재훈련, 고용보험 등 광범위한 사회복지를 제공했다. 또한 정부는 연대임금을 제공할 수 없는 경쟁력 없는 한계기업들에게 구조조정 또는 재생할 수 있는 금융과 행정을 지원함으로써 성장과 분배의 선순환을 조직했다.

연대임금제의 필요성은 기아자동차 비정규직의 현실을 보면 동감할 수 있다. 한국노동연구원에 의하면, 2014년 현재 기아자동차 협력업체 평균연봉 현황을 보면 본사 정규직과 2차 협력사 사내하청 간의 연봉이 무려 5배나 차이가 나는 것으로 드러났다.

광주공장 정규직이 1억 원, 광주공장 사내하청이 5000만 원, 1차 협력사 4700만 원, 1차 협력사 사내하청 3000만 원, 2차 협력업사 2800만 원, 2차 협력업사 사내하청 2200만 원 수준이다. 그런데 일본 아베 총리의 방침처럼, 대기업 정규직의 80% 수준까지 연대임금을 적용한다면, 2차 협력업사 사내하청 노동자들은 광주공장 정규직이 받는 1억 원의 80%, 즉 8000만 원까지 받을 수 있다.

단순 비교만 해 보아도 지금 받는 2200만 원보다 무려 6000만 원을 더 받을 수 있는 것이다. 물론 연대임금제의 실현은 현실적으로 50%로 출발해 매년 10%씩 올려 80% 수준이 될 때까지 이행하겠다고 하는 단계별 로드맵을 제시해야 할 것이다.

그렇다면 기본소득과 연대임금제도 중 어느 쪽이 더 실현 가능하면서도 국민에게 이득이 되는 것일까? 이재명 후보는 기본소득을 통해 "50조 원이면 1인당 100만 원씩, 가구당 300만 원씩을 지원할 수 있다."라고 강조했지만 연대임금제를 적용하면, 가구당 300만 원이 아닌 1인당 무려 6000만 원을 더 받을 수 있다. 당연히 연대임금제가 더 이득인 것이다. 물론 연대임금제도의 실현은 노사정의 대타협이 필요한 만큼, 기본소득에 못지않은 기득권의 저항이 있을 수밖에 없다.

연대임금제를 성공시킨 스웨덴 사민당은 기득권의 저항을 "다 함께 성장론의 리더십"으로 극복했다. 사민당은 자신의 지지기반인 노조에게 "기업이 없으면 국가경제가 없고 일자리도 없어진다."라고 쓴소리를 하면서, 파업을 계속한다면 "어쩔 수 없이 법을 만들어 노조의 파업을 금지시키겠다."라고 경고하였다. 또한 기업에도 "노조와 기싸움 하지 말고 타협에 임해 달라."라고 요청하면서, 그렇지 않을 경우 국가가 나서서 직장폐쇄금지법을 만들겠다고 경고했다.

그러나 다행인 것은, 우리나라에서 연대임금제도는 스웨덴이나 일본보다도 더 쉽게 도입될 수 있다. 그 이유는 우리 재벌일가들의 주식지분이, 50%를 가진 오너로 부르기에는 너무나 취약하기 때문이다. 불과 그 지분이 1%도 안 될 만큼, 매우 빈약한 재벌들의 주식지분은 박근혜-최순실 게이트에서 드러난 것처럼, 불법상속을 눈감아 주거나 보완해 주는 대가로 정권과 권력자들에게 뇌물을 제공하는 범죄에 상시적으로 가담하지 않으면 안 될 정도로 취약하다.

우리나라 10대 기업의 대주주인 국민연금이 국민경제의 성장과 비정규직의 임금 차별 해소를 위해 자신의 주주권을 제대로 사용하겠다는 정책 표명과 '종업원주식소유제도(ESOP·Employee Stock Ownership Plan)'의 활성화만으로도 연대임금제도의 정착을 위한 노사정 대타협의 여건은 충분히 마련될 수 있다.

더욱이 우리나라에서는 이미 임금 격차 해소를 위해 스웨덴모델을 적용해 보자는 시도가 있었다. 즉 노무현 대통령이 2005년 7월 5일 청와대에서 열린 '대-중소기업 상생협력점검회의'에서 "연대임금제와 같은 대-중소기업 노동자 간 협력방안을 검토해 보라."라고 지시한 바 있다.

## 6. 공화주의적 국민개병제로 군대의 혁신

강한 군대는 징병제나 모병제가 아니라 공화주의적 국민개병제에 의해서 만들어질 수 있다. 시민의 자발적인 애국심에 기초한 공화주의적 국민개병제가 오늘날 우리에게 제대로 전승되어 운영되지 못하는 것이 안타깝다. 거기에는 여러 이유가 있겠지만, 그 핵심은 군사정권이 자신의 정권 유지를 위해 군대를 사적으로 이용하거나, 고위공직자들이 군대 복무를 회피하면서 공화주의 정신과 시민적 애국심을 약화시켰기 때문이다. 이런 상황은 군대의 권위와 명예를 실추시켰다. 그리고 공공성에 대한 헌신과 자발적인 참여보다는 의무와 상명하복으로 운영되면서 각종 사고를 유발하는 약한 군대가 되었다.

강한 군대를 만드는 것은 군 당국만의 일이 아니라 국민 모두의 공공의 일이다. 따라서 인권 개선만으로 강한 군대를 만드는 일은 불가능하다. 현재의 징병제도처럼 강제와 의무가 아니라 시민적 덕성, 자발적인 참여와 헌신, 애국심에 의해 운영되도록 징병제가 아닌 국민개병제의 체질로 변화시킬 필요가 있다.

이를 위해서는 양심적 병역거부와 대체복무제 인정, 부당한 명령에 대한 불복종 인정, 고위공직자의 헌신, 시민교육 제도화, 시민의 정치참여와 애국심 고취, 자원봉사 생활화, 공익활동복무제 등 공화국 정신인 애국심을 복원하는 데 역량을 집중해야 한다.

무엇보다 청년들에게 정치적 시민권의 토대인 경제적 시민권을 부여하는 게 급선무이다. 따라서 정규직과 비정규직의 임금 차별을 개선하기 위한 동일노동 동일임금 연대임금제의 도입이 절실하다. 자발적인 애국심으로 무장한 덕성 있는 시민전사로의 강한 군대가 있을 때 우리 공화국의 민주주의와 국가의 외교안보도 튼튼할 것이다.

군복무 회전율이 높은 애국심 있는 시민군대를 만드는 게 관건이다. 식당 운영을 잘하는 사람들의 지혜가 자리 회전율을 높이는 것에 있듯이, 강군을 만드는 일도 이와 같다. 그러기 위해서는 군복무기간을 현행 21개월에서 18개월로 단축하는 방안을 적극적으로 검토해야 한다.

얼핏 생각하면, 군복무기간을 줄이는 것이 국방전력의 약화로 보일 수도 있다. 하지만 18개월로 단축하고 군복무 참여회전율을 높인다면 더 많은 시민들이 군복무에 참여하고, 애국심을 체험할 수 있도록 한다는 점에서 양적으로 노동집약적 강한 군대가 아니라 과학기술로 무장한 질적으로 강한 군대가 가능해지므로 긍정적인 검토가 필요하다.

그 핵심적 관건은 시대 상황에 맞는 공화주의적 애국심이 있는 군대를 만드는 것이다. 시민들이 군법의 강제나 징집이 아닌 자발적인 애국심과 문명국가에 소속된 자긍심을 가지고 문명국가가 시민에게 준 복지와 교육 등에 대한 보답으로 자랑스런 나라를 위해 일정 기간 봉사하고 군복무에 참여할 수 있도록 국민개병제에 더 충실하게 군복무 장병들을 선발하고 운영할 필요가 있다.

요컨대, 자발적인 애국심이 있는 시민들이 군대에 참여할 수 있도록 국방정책과 행정정책을 시민참여적으로 운영할 필요가 있다. 이를 위해서는 세계 최강의 강군인 이스라엘의 군대가 하는 것처럼, 일부 양심적 병역거부의 인정과 부당하고 부정의한 명령에 불복종을 할 수 있고, 이의절차를 제기할 수 있는 예외적인 일부 항명권리를 보장하는 것을 적극 검토해야 한다.

### 7. 노사 간 그리고 청장년 간 전우애의 고양

공화주의의 시민적 미덕은 전쟁과 갈등 속에서 서로의 고통과 불편에 대해 연민하고 타협과 공생의 필요성에 공감하는 전우애가 발휘될 때 탄생한다. 어느 나라건 전쟁과 계급투쟁 속에서 피어난 시민권의 보장과 전우애 없이 발전하고 성숙한 나라는 없다. 특히, 외침과 전쟁의 위협 속에서 귀족과 민중의 극적인 타협, 자본가와 노동자의 전우애 없이 발전한 공화정은 없었다.

로마는 전쟁 부담을 민중들에게 전가하기 위한 귀족의 횡포에 대해 타협을 선택했다. 즉 로마는 귀족에 맞서 민중 중장보병들이 '선상사건'이라는 정치파업을 일으켰을 때, 이것에 타협하기 위해 호민관제도와 12표법을 만들어 민중들을 국정에 참여시키는 공화정의 효시인 혼합정을 열었다.

프랑스의 공화정 혁명을 위해 나선 나폴레옹은 주변의 반혁명 공세 속에서 혁명전쟁을 승리로 이끌기 위해 민중들에게 시민권을 주고, 거기에서 나오는 자발적인 애국심을 불러일으켜 최초로 국민개병제를 실시하여 애국심 없는 용병군대를 애국심 있는 국민군대의 총력전으로 무찔렀다.

임진왜란 때 조선의 이순신과 유성룡도, 애국심이 없는 천민들이 일본군에 투항하는 것을 보면서 민중과 타협을 선택했다. 즉 그들은 조선 민중의 애국심을 고양하기 위해 일본에 맞서는 데 공이 있는 천민들의 신분을 면해 주는 면천법과 능력 있는 수군들을 지휘관으로 뽑기 위한 독자적인 과거제를 실시하였다.

스웨덴의 자본가와 노동자들은 비그포르스(Wigforss)의 타협 노선을 수용하여 소련 사회주의와 독일 나치주의의 체제 위협 속에서 동일노동 동일임금 연대임금제, 임금노동자기금안을 통해 타협하면서 제3의 복지국가 노선으로 나아갔다.

미국에서는 남북전쟁의 결과로 흑인노예가 해방되었지만 흑백 분리의 차별은 1896년까지 합헌으로 유지되었다. 하지만 제1차, 2차 세계대전에 참전한 미국 정부가 파병을 시작하면서 흑인도 참전하게 되자 트루먼 대통령과 아이젠하워 대통령은 전투력 상승을 위해 흑백 분리를 시민권의 차별로 금지하도록 하였다. 미국의 흑백 군인은 높아진 전우애를 통해 양차 대전에서 승리했고, 이 전우애의 경험은 1954년 마침내 흑백 분리를 시민권 차별로 인정하여 합헌에서 위헌으로 바꿔놓았다.

또한 미국의 프랭클린 루스벨트 대통령은 『Sweden: The Middle Way』를 쓴 언론인 마르퀴스 차일드(Marquis Childs)의 도움 아래 스웨덴의 제3의 길을 수용하여 대공황 속 이른바, 노동자와 자본가의 타협을 돕는 뉴딜정책을 수립하여 유효수요를 촉진하는 등 미국의 민주주의와 시장경제를 기초로 하는 민주공화국을 재건할 수 있었다.

이와 같이 공화주의는 전쟁의 와중에 귀족과 민중 간의 계급투쟁과 타협을 통해 탄생했다. 한국은 현재 분단과 주변 강대국들의 패권전쟁의 위협 속에 있다. 이러한 위협 속에서 한국의 상위소득 10% 내 자본가와 상층노동자들은, 비정규직과 여성노동자들의 시민권을 보장하고 타협해야 한다. 그래야 자신들의 기득권을 지킬 수가 있다. 헬조선의 흙수저로 대변되는 비정규직 및 여성노동자들을 홀대하면 전투력과 애국심을 발휘하지 않고 외국 군대에 투항할 수도 있다. 그들의 애국심을 고양시키면서 자본가들의 재산을 지키기 위해서라도, 스웨덴이 했던 것처럼 동일노동 동일임금 연대임금제부터 실시해야 한다.

### 8. 국민참여경선제의 법제화

제왕적 대통령의 출현을 막는 가장 쉽고 효과적인 방법은 무엇일까? 어려운 헌법 개정을 통해 정부 형태나 권력 구조를 변경하기보다는 무엇보다도 나쁜 대표자들이 정치권에 들어오지 못하도록 정당이 공천의 문지기 역할을 제대로 하여 정당민주주의와 공천민주주의를 구현하는 게 급선무이다.

제왕적 대통령은 3김씨(김영삼, 김대중, 김종필)처럼, 국회의원의 공천권을 장악한 계파의 보스들이 대통령이 되어 삼권분립이 아닌 국회 다수당을 기초로 입법부, 검찰, 국정원 등 권력기관의 행정부, 사법부를 총동원할 때 탄생한다. 만약 대통령이 집권당과 입법부를 장악하는 핵심 수단으로 국회의원 공천권을 가질 수 없다면, 손쉽게 제왕적 대통령이 될 수는 없을 것이다.

따라서 해법은 정당의 공천민주화에서 찾아야 한다. 즉 대통령이 국회의원의 공천권을, 국회의원이 지방의원의 공천권을 행사하지 못하도록 상향식 공천제도인 국민참여경선제도를 여야 모두가 동시에 실시하도록 법제화하는 것이 필요하다.

촛불시민혁명이 선거공천개혁에 주는 교훈은 무엇일까? 좋은 대표자를 뽑기 위해서는 대의민주주의의 출발점인 정당 공천에서부터 시민이 관여해야 한다. 민의를 배신할 수 있는 대의제의 한계를 근본적으로 차단하는 일은, 대의제의 시작인 후보 공천에 시민이 참여하는 것이다. 어렵고 복잡한 과정을 거쳐 대표자를 잘못 뽑아놓고, 탄핵하거나 국민을 소환하는 일을 만들지 않기 위해서라도 시민공천을 제도화하는 국민참여경선제도의 법제화가 필요하다.